Lancer son activité de formation

COLLECTION
FORMATION

SAMIR AZIZI
SONIA BEKTOU-BEN MADHKOUR

Lancer son activité de formation

LE GUIDE PRATIQUE

DUNOD

Éditorial : Marie-Cécile de Vienne et Andréa Lawson
Fabrication : Marine Stephan
Couverture : Studio Dunod
Maquette : Marion Alfano
Mise en pages : Nord Compo

NOUS NOUS ENGAGEONS EN FAVEUR DE L'ENVIRONNEMENT :

PAPIER CERTIFIÉ

Nos livres sont imprimés sur des papiers certifiés pour réduire notre impact sur l'environnement.

Le format de nos ouvrages est pensé afin d'optimiser l'utilisation du papier.

Depuis plus de 30 ans, nous imprimons 70 % de nos livres en France et 25 % en Europe et nous mettons tout en œuvre pour augmenter cet engagement auprès des imprimeurs français.

Nous limitons l'utilisation du plastique sur nos ouvrages (film sur les couvertures et les livres).

11 rue Paul Bert, 92240 Malakoff
www.dunod.com

ISBN : 978-2-10-085645-9

Sommaire

Remerciements

Nos remerciements vont à toutes les personnes qui nous ont un jour inspirées, aiguillées, conseillées ou qui nous ont fait confiance. C'est grâce à vous que nous avons pu faire de nos ambitions une réalité.

Merci à l'ensemble de nos partenaires pour le soutien et la confiance accordée. C'est en alliant nos idées et nos savoirs que nous avons pu mettre nos compétences au service de l'apprentissage et de la formation.

Nous remercions chaleureusement Linda Kecheroud, directrice de l'emploi, du développement économique, de la formation et de l'insertion au sein de la mairie d'Argenteuil, Samia Goudjil, chargée de mission insertion facilitatrice des clauses sociales, et toute l'équipe de la mission emploi d'Argenteuil de nous avoir fait confiance dans le lancement de notre activité. Merci à Mohammed El Mazroui, directeur de la Creative Factory et fondateur des bus de l'initiative qui nous a soutenu et appuyé afin que Carrière Shaker rayonne sur son territoire. Merci à Patrick Audrain, directeur de la politique de la ville de Clichy, et Fatimata Dioumanera, ancienne responsable du service emploi de la ville de Clichy, pour les projets enrichissants que nous avons menés et que nous continuerons de porter ensemble. Merci à Céline Tirel, responsable du Service Emploi de Courbevoie au sein de la Direction du développement économique et de l'emploi, et à Nassim Keraouche, chargé de mission emploi et relations entreprise au sein de la ville de Courbevoie, qui laissent place à l'innovation et à la créativité dans nos actions auprès des participants à nos ateliers.

Un grand merci à Laure Marandon, fondatrice de Coalescence coaching et à Valérie Gibert, engagée pour un management responsable, d'être nos valeureuses amies depuis plus de 10 ans et de nous avoir donné l'envie d'aller au bout de nos aspirations.

Merci à Sami Ben Madhkour qui nous a encouragé dans cette démarche de formalisation de nos savoirs dans un guide pratique.

Enfin, merci à l'ensemble des bénéficiaires de nos actions de formation que nous rencontrons au quotidien, qui nous apprennent énormément sur nous-mêmes et qui nous poussent à nous dépasser.

Nous remercions également nos parents, nos familles et nos proches qui nous ont toujours soutenu dans cette aventure.

Introduction

« Nous avons une raison de vivre : apprendre, découvrir, être libre. »

Richard Bach

À tous les âges, l'être humain a soif d'apprendre et de comprendre. Tout autant que le désir de liberté, la découverte reste un plaisir qui n'ennuie jamais. Suite à une découverte, nous souhaitons enchaîner sur une autre, après une sensation de liberté, nous allons subitement à la conquête d'une autre définition du mot « libre ».

Découverte et liberté sont liées, tout comme apprentissage et transmission. Depuis toujours, nous apprenons. Nous développons nos savoirs grâce à la transmission de nos ainés, de nos pairs pour devenir à notre tour des transmetteurs. Apprendre, comprendre, former et transmettre sont intrinsèques au vivant. Sans cela, l'ère humaine serait éteinte, ainsi que toutes les espèces de notre planète.

Certains d'entre nous sont animés par la transmission et souhaitent y consacrer du temps et de l'énergie. Nous avons besoin de ces personnes, surtout à notre époque où être à jour des nouveautés est essentiel, car beaucoup d'événements se passent relativement vite. Notamment avec l'avènement de la digitalisation, la concurrence sur les marchés, la montée en flèche des économies nouvelles…

Plus que jamais, se former devient nécessaire pour acquérir ou préserver notre liberté d'entreprendre, de changer de voie, de découvrir le champ des possibles… Et l'ensemble des acteurs de notre écosystème l'a bien saisi…

Pour répondre à ces enjeux, le formateur a une réelle responsabilité. Il ne doit pas uniquement être un expert, il doit maîtriser du bout des doigts la légalité, les autorités de régulation de son secteur d'activité, ses droits et ses devoirs. Aussi, il doit se former aux nouvelles méthodes, technologies et savoirs pour rester à la pointe de son domaine. Enfin, il devra maîtriser les techniques de prospection, de vente et de fidélisation afin de faire perdurer ses formations dans un environnement concurrentiel.

Comprendre le cadre spatio-temporel et l'écosystème du secteur de la formation est important. Être animé par l'envie de former ne suffit pas. Pour devenir un professionnel de la formation, il va falloir chercher les informations pertinentes au bon moment et mettre son énergie au bon endroit. Ce guide a été conçu afin de vous apporter l'ensemble des informations dont vous avez besoin pour vous lancer et faire fructifier votre activité.

Cet ouvrage s'adresse à toutes les personnes qui s'intéressent de près ou de loin au domaine de la formation professionnelle quels que soit leur projet et leur niveau d'expérience. En effet, que vous soyez novice ou expérimenté, formateur occasionnel ou permanent, indépendant ou créateur de votre propre organisme... vous y retrouverez des informations essentielles et des conseils pratiques pour vous aider dans votre quotidien de formateur.

Ce guide se structure autour de 9 chapitres thématiques qui couvrent l'ensemble des piliers qu'un formateur doit maîtriser dont des éléments de réponse concrets à toutes les questions qu'il doit se poser.

- Quelles sont les étapes à suivre pour lancer mon activité de formation ?
- Quels sont mes droits et obligations en tant que formateur ?
- Comment obtenir la certification Qualiopi ?
- Comment construire, mettre en valeur et commercialiser une offre de formation ?
- Comment rendre éligibles mes actions de formation au financement par le compte personnel de formation (CPF) ?

Pensé et construit comme un guide capable de vous accompagner tout au long de vos démarches, vous y trouverez un condensé d'informations pratiques sur le marché de la formation, ses acteurs et ses enjeux. En suivant ce guide étape par étape vous disposerez de toutes les clés nécessaires pour développer votre activité. Ceci, afin de vous lancer sur un marché au mode de fonctionnement encore flou où les opportunités sont immenses.

En vous souhaitant un bel apprentissage et une très bonne mise en pratique !

CHAPITRE 1

Être formateur aujourd'hui

Executive summary

- **Si vous décidez de lire ce guide, c'est que le secteur de la formation professionnelle vous intéresse.** Vous envisagez peut-être de créer votre propre organisme de formation ou alors de devenir formateur indépendant et construire, préparer et animer vos propres sessions de formations.
- **La première partie de ce guide vous permettra de passer du rêve à la réalité, de la théorie au réel.** Elle concentre un maximum d'informations sur le monde de la formation professionnelle et le métier de formateur afin que vous puissiez rapidement savoir si ce domaine d'activité est fait pour vous. Vous y retrouverez les chiffres clés ainsi que les grandes tendances du secteur et un focus détaillé sur les attendus, les compétences et le quotidien du métier de formateur.
- **À l'issue de cette première partie,** nous vous inviterons à prendre un temps de réflexion et à répondre aux deux questions suivantes :
  - Question 1 : Le secteur de la formation professionnelle répond-il à mes attentes ?
  - Question 2 : Est-ce que je dispose des qualités et compétences nécessaires pour évoluer dans le secteur de la formation professionnelle ?

COMPRENDRE LE MARCHÉ DE LA FORMATION PROFESSIONNELLE AUJOURD'HUI

S'il y a bien un secteur qui a le vent en poupe ces dernières années, c'est celui de la formation professionnelle. Selon une étude datant de la fin de l'année 2021 et publiée par l'organisme Ludalab (un organisme spécialisé dans le domaine de la formation), le marché pèse à lui seul près de 33 milliards d'euros. Cela représente une évolution de + 10 % par rapport à 2020. En effet, la formation professionnelle tient une place primordiale dans la carrière des Français. D'après une seconde étude : le baromètre de la formation 2021, publiée par Centre Inffo, les Français ont recours massivement à la formation pour : améliorer leur pratique professionnelle (pour 90 % des actifs), évoluer professionnellement sur le marché du travail (pour 89 % des actifs) et rester compétitif sur le marché du travail (pour 88 % des actifs).

Les parcours de formation les plus plébiscités (actifs et non actifs confondus) en France sont : les formations en informatique, en langues étrangères (principalement en anglais) et en management. En complément, certains secteurs sont particulièrement prisés et font l'objet de nombreuses demandes de formation :

- le transport, la manutention et le magasinage (30 % des demandes) ;
- l'insertion, la réinsertion et l'orientation professionnelle (19 % des demandes) ;
- la sécurité des marchandises (5 % des demandes).

Bien que cet engouement pour la formation se confirme dans tous les pays de l'OCDE, le phénomène semble encore à ses prémices en France. Toujours d'après l'étude publiée par Centre Inffo, 32 % des Français actifs suivent une formation chaque année, ce chiffre atteint une moyenne de 42 % dans les autres pays de l'OCDE. Cette statistique, à elle seule, permet de démontrer le potentiel de croissance du secteur de la formation en France dans les prochaines années.

Ces résultats à la hausse s'expliquent principalement par l'entrée en vigueur de nombreuses réformes. La dernière en date est celle du 5 septembre 2018, la loi « Avenir Professionnel », qui donne à chacun la liberté de choisir son projet professionnel grâce à l'introduction du compte personnel de formation (CPF) et en renforçant l'investissement des entreprises dans les compétences des salariés. Grâce à ce dispositif, 984 000 formations ont été suivies, ce qui représente quasiment le double par rapport à 2019 selon la DARES (Direction de l'Animation de la Recherche, des Études et des Statistiques). En plus d'avoir un impact sur les acteurs de la formation, cette nouvelle réforme a également transformé le comportement des personnes souhaitant être formées. La Caisse des Dépôts et des Consignations a révélé les deux tendances suivantes :

- les femmes sont proportionnellement plus nombreuses à s'inscrire à des formations en représentant plus de 50 % des dossiers de demandes de formation *via* le CPF ;
- les non-cadres sont également plus nombreux à demander des formations grâce au CPF car ils représentent 81 % des dossiers en 2020 contre 72 % en 2019.

Vous l'avez sans doute compris, le marché de la formation professionnelle en France est en plein essor et les perspectives de croissance sont fortes. L'État français a fait de la formation l'un de ses sujets phares. D'ailleurs, c'est 390 millions d'euros qui ont été prévus dans le plan de relance de l'État pour financer les formations des salariés en 2021. La formation va donc continuer à avoir de beaux jours devant elle, dans de nombreux secteurs tels que : l'informatique, le digital, l'esthétique, les langues et le management.

ANALYSER LES ACTEURS FRANÇAIS DU MARCHÉ DE LA FORMATION

Les acteurs de la formation professionnelle évoluent tous sous la supervision d'une seule autorité : France Compétences. Il s'agit de l'unique instance de gouvernance nationale qui régit le secteur de la formation. Elle assure le financement, la régulation et l'amélioration du système. France Compétences garantit aussi la coordination et le bon déroulement du processus entre les 3 catégories d'acteurs :

- les demandeurs : les entreprises, les salariés, les demandeurs d'emploi, les étudiants... ;
- les offreurs : les prestataires qui contribuent au développement des compétences (organismes de formation, centres de bilan de compétences ou de validation des acquis de l'expérience, CFA (Centre de Formation d'Apprentis)...) ;
- les financeurs : l'État, les régions, les entreprises, les OPCO, les associations...

Ces 3 catégories d'acteurs s'inscrivent dans une relation tripartite afin de proposer une offre de formation vaste et adaptée aux besoins existants. Il s'agit d'un écosystème complexe avec des acteurs présents depuis de nombreuses années. Le marché reste compétitif et est loin d'être saturé pour de nouveaux arrivants qui souhaitent tenter l'aventure. Le développement des compétences, les nouvelles tendances, en particulier dans le domaine du numérique, et les nouvelles réglementations en place sont autant d'opportunités pour se faire une place et se distinguer sur le marché de la formation professionnelle.

Parmi les principaux financeurs de la formation professionnelle en France, on retrouve :

- l'État, qui agit pour promouvoir le principe d'égalité d'accès à la formation professionnelle sur l'ensemble du territoire. Il coordonne notamment la gestion des fonds dédiés à la formation des demandeurs d'emploi ;

- les régions, qui détiennent une compétence de coordination des politiques de formation professionnelle sur leur territoire, notamment au travers du contrat de plan régional de développement des formations et de l'orientation professionnelle ;
- les OPCO (opérateurs de compétences), qui ont plusieurs missions telles que financer les formations en alternance, aider les branches à construire les certifications professionnelles et accompagner les PME pour définir leurs besoins en compétences. (Nous y reviendrons plus tard au sein de cette partie) ;
- les branches professionnelles, qui ont pour mission de définir les garanties applicables aux salariés employés par les entreprises relevant de leur champ d'application. La loi Avenir professionnel renforce leur rôle en matière de GPEC (Gestion prévisionnelle des emplois et des compétences), d'élaboration des certifications professionnelles, de pilotage et du financement de l'apprentissage ;
- les entreprises, qui participent au financement de la formation en payant une contribution annuelle basée sur la masse salariale. La formation leur permet de développer les compétences de leurs collaborateurs, de les adapter à leur poste de travail et de maintenir leur employabilité.

Pour devenir formateur, il est donc essentiel de comprendre les rôles des acteurs sur le marché français. C'est pourquoi, nous vous proposons de nous focaliser davantage sur les acteurs qui offrent des formations professionnelles, présents depuis des décennies, et qui régissent en partie le secteur.

Le marché de la formation professionnelle est en pleine expansion et est un véritable levier pour l'économie française depuis des décennies. Pour rappel, en France, le marché de la formation se chiffre à 32 milliards d'euros annuel. Près de 40 % de ce chiffre est généré par la formation continue et est dispensé par plus de 90 000 organismes.

Si vous souhaitez lancer votre organisme de formation, vous devez avoir une culture de la formation. C'est-à-dire que les clients et prescripteurs qui seront intéressés par une formation vous contacteront mais aussi, très certainement, d'autres organismes pour comparer les formations. Ils vont donc très aisément retrouver les organismes historiques, que l'État met énormément en avant, car ils sont gage de qualité et reconnus depuis des dizaines d'années.

Le marché de la formation est en plein essor, et de nombreux organismes apparaissent chaque jour en France. Toutefois, il y a des organismes moins rigoureux que d'autres, et pour le client, participer à une formation qui ne serait pas qualitative et ne répondrait pas à ses besoins, serait une perte de temps, et parfois d'argent. C'est pourquoi, l'État se porte garant de certains organismes en les finançant à travers Pôle Emploi ou en leur donnant le monopole pour un public (le Centre National de la Fonction Publique Territoriale, appelé CNFPT pour les collectivités territoriales, par exemple).

Aussi, dans votre recherche de partenaires, il va être important de connaître les différents acteurs de la formation, notamment historiques, qui font parfois recours à la sous-traitance, ce qui peut être intéressant pour vous afin de vous construire un réseau, ou créer des partenariats avec eux. Par exemple, l'AFPA (Agence Nationale pour la Formation Professionnelle des Adules), qui est un organisme très renommé, a des agences dans tout l'Hexagone, et vous pouvez entrer en contact avec lui en contactant une agence, plutôt que le siège. En effet, par une approche locale, vous aurez plus de chances que l'on écoute vos propositions.

Aussi, pour votre culture, sachez que dans le secteur de la formation professionnelle, de nombreux acronymes sont utilisés, et il est important qu'au démarrage vous ne soyez pas déstabilisé lorsqu'ils seront utilisés par les acteurs que vous rencontrerez. Nous vous proposons donc ci-dessous une liste des acteurs de la formation professionnelle en France qui ont une présence significative et historique dans le pays depuis de nombreuses années :

- le Centre National de la Fonction Publique Territoriale (CNFPT) : créé en 1971, le CNFPT est un organisme de formation professionnelle pour les agents des collectivités territoriales. Il est le plus ancien organisme de formation professionnelle publique dans l'Hexagone ;

- le Conservatoire National des Arts et Métiers (CNAM) : fondé en 1794, le CNAM est une grande école publique d'ingénieurs, de management et de formation continue. Il est l'un des plus anciens établissements d'enseignement supérieur ;
- la Chambre de commerce et d'industrie (CCI) : crée par la loi du 5 août 1925, avec la chambre des métiers et de l'artisanat. Les CCI sont des établissements publics chargés de représenter les intérêts des entreprises locales. Ils offrent également des programmes de formation professionnelle pour les professionnels et les entrepreneurs. Les premières chambres de commerce ont été créées en France en 1599 ;
- le Centre National d'Enseignement à Distance (CNED) : fondé en 1939, le CNED a été créé pour offrir une éducation à distance aux enfants de familles déplacées à cause de la guerre. Depuis, le CNED a évolué et propose aujourd'hui des programmes d'enseignement à distance pour tous les niveaux d'éducation, de la maternelle à l'université, ainsi que pour des formations professionnelles et des formations tout au long de la vie ;
- l'Association pour la formation professionnelle des adultes (AFPA) : fondée en 1949, l'AFPA est une association qui propose des programmes de formation professionnelle pour les adultes dans une variété de secteurs, y compris l'industrie, la santé et les services ;
- la Chambre des métiers et de l'artisanat (CMA) : crée en 1925 avec les CCI, la CMA est une institution française qui représente les artisans et les petites entreprises artisanales. La CMA a évolué pour devenir un acteur important du développement de l'artisanat en France, offrant des services tels que la formation professionnelle, l'appui aux créateurs d'entreprises, l'accompagnement des entreprises dans leur développement et leur transition numérique, et la représentation des intérêts des artisans auprès des pouvoirs publics. Elle dispense plus de 164 formations dans toute la France ;
- le Pôle Emploi : Pôle Emploi est un organisme public de l'emploi en France chargé de l'accompagnement des demandeurs d'emploi dans leur recherche d'emploi et de la gestion de l'indemnisation du chômage. Pôle Emploi peut proposer des formations professionnelles

en fonction des besoins des demandeurs d'emploi et des entreprises. Ces formations sont généralement proposées en collaboration avec des organismes de formation partenaires. Pôle Emploi peut également informer les demandeurs d'emploi sur les différentes possibilités de formation disponibles, comme les formations financées par des organismes publics ou des formations en alternance ;

- les Opérateurs de Compétences (OPCO) : les Opérateurs de Compétences (OPCO) sont des organismes paritaires agréés par l'État et chargés de collecter les fonds de la formation professionnelle auprès des entreprises et de financer les formations pour les salariés. Ils ont pour mission de contribuer à l'élaboration des certifications professionnelles, de définir les priorités de formation et de financer les actions de formation des salariés des entreprises, notamment dans le cadre du plan de développement des compétences. Les OPCO peuvent financer des actions de formation réalisées par des organismes de formation tels que des centres de formation professionnelle, des universités, des écoles de commerce, etc. Les OPCO peuvent également accompagner les entreprises dans la mise en place de leur plan de formation.

Cette liste regroupe les acteurs majeurs présents dans le secteur de la formation professionnelle. Ils sont pour vous en tant que nouvel entrant, à prendre en compte, mais aussi paradoxalement, à la fois des concurrents et des apporteurs d'affaires, en tant qu'indépendant.

À présent, nous allons nous focaliser sur la Chambre des commerces et de l'industrie (CCI), qui peut être très intéressante pour vous en tant qu'entrepreneur de la formation continue. Tout au long de votre parcours, du lancement de l'activité au développement, et lorsque vous rencontrerez des difficultés, la CCI sera présente pour vous accompagner.

Il est à noter que l'offre de formation de la CCI est l'une des plus importantes en France, avec plus de 300 000 stagiaires accueillis chaque année dans les 186 centres. Ce qui est d'autant plus intéressant au sein des CCI, c'est qu'elles offrent des formations adaptées aux besoins de chaque territoire, car elles sont directement en lien avec les entreprises. Cette proximité avec les entrepreneurs leur permet de comprendre les besoins locaux et de proposer des formations en fonction de ceux-ci.

Les CCI proposent une large gamme d'accompagnements pour les entrepreneurs, afin de les aider à développer leur entreprise et à réussir sur le marché tout au long de leur parcours dont notamment :

- des conseils et informations sur la création d'entreprise, la gestion d'entreprise, les financements, les réglementations, les marchés, etc. ;
- des formations pour les entrepreneurs, comme des formations en comptabilité, gestion, marketing, vente, etc. ;
- une mise en relations qui permet aux entrepreneurs de se rencontrer et de se connecter avec d'autres entreprises et partenaires potentiels ;
- un accompagnement personnalisé pour les entrepreneurs, en fonction de leurs besoins et de leurs projets spécifiques ;
- un appui à l'international pour aider les entreprises à se développer à l'international, en leur fournissant des conseils et des informations sur les marchés étrangers, en organisant des missions commerciales, etc.

Vous pouvez trouver la liste exhaustive des organismes de formation, et ceux qui sont certifiés Qualiopi, dans la Liste publique des organismes de formation (L.6351-7-1 du Code du Travail).[1]

Pour en revenir aux organismes qui proposent des formations depuis des décennies, ils sont amenés à faire des partenariats avec des nouveaux entrants. En effet, ces organismes sont de très grandes structures et ont besoin de flexibilité car la société est en pleine mutation, notamment avec la digitalisation. Ces acteurs qui sont organisés depuis longtemps sur tout le territoire font appel à des indépendants, qui sont très souvent plus adaptables. La force des nouveaux entrants est de commencer petit pour s'ajuster aux besoins et aux demandes. Les anciens organismes l'ont très vite compris, et cela constitue un véritable levier pour enrichir leur réseau et gagner des clients. Pouvoir gagner la confiance de l'AFPA, par exemple, peut être un moyen de s'assurer une régularité de contrats de sous-traitance. Toutefois, il est à noter que ces acteurs sont souvent réputés pour être peu rémunérateurs, et qu'il est difficile de négocier les prix car la concurrence est forte pour travailler avec eux.

1. *Liste publique des organismes de formation*, https://www.data.gouv.fr

Dans votre stratégie de développement vous pouvez travailler avec l'un d'eux pour vous assurer une régularité des contrats, et en parallèle, proposer vos prix pour des formations que vous vendriez plus ponctuellement auprès de particuliers. Multiplier les canaux de prospection est une stratégie que l'on vous recommande car dépendre des organismes de formations historiques peut être un frein à votre développement financier. Ils seront moins rémunérateurs que les formations auxquelles vous fixez vos prix, mais constitueront une sécurité non négligeable au démarrage de votre activité.

Aujourd'hui, le marché de la formation est constitué de nombreux indépendants, et d'organismes de petites tailles, d'environ 1 à 10 salariés. Ils constituent le plus grand nombre d'organismes et fractionnent le marché. Ils deviennent de véritables concurrents pour les organismes de formation historiques, mais aussi entre eux. C'est une chance de constater que le marché évolue et qu'il y a donc une place pour tous les types d'acteurs. Toutefois, pour lancer son activité, il est nécessaire de prendre le temps de faire une étude de marché.

Le marché est déjà bien établi et compétitif, toutefois, il y a des clients pour tout le monde, notamment avec l'essor des formations à distance et la légitimité des indépendants qui commence à prendre de plus en plus de place sur le marché. Nous vous proposons donc plusieurs étapes à suivre pour vous implanter et créer un organisme de formation concurrentiel et attractif pour vos clients :

- analyse du marché : effectuez une analyse de marché pour comprendre les besoins et les demandes de la main-d'œuvre française, ainsi que les offres de formation actuelles. Cette analyse peut vous aider à identifier les lacunes dans l'offre actuelle et déterminer les opportunités pour créer une formation professionnelle qui répondra à des besoins spécifiques du marché;
- identification des domaines d'expertise : déterminez vos domaines d'expertise et les secteurs d'activité où vous pourrez offrir une formation professionnelle de haute qualité. Certains vont choisir de créer un organisme de formation généraliste (par exemple, l'École française) et d'autres vont se focaliser dans une niche (par exemple, VTC Solutions spécialisé pour les véhicules de tourisme avec chauffeur). Vous pouvez vous spécialiser dans des domaines tels que les technologies de l'information, la finance, la santé, l'industrie, etc.

- étude de marché : élaborez un plan d'affaires détaillé, qui comprendra votre stratégie de marketing, votre modèle de revenus, votre budget, votre plan de croissance et votre plan de développement ;
- obtention d'un financement : déterminez les budgets nécessaires pour créer votre organisme de formation professionnelle. Vous pouvez chercher des investisseurs, des subventions gouvernementales ou des prêts bancaires pour financer votre entreprise. La Chambre de commerce et d'industrie (CCI), Pôle Emploi, la Banque Publique d'Investissement (BPI) ou votre banque peuvent être des leviers qui répondront à vos besoins de financement ;
- recrutement de professionnels de qualité : il ne faut pas hésiter à déléguer dès que vous le pouvez financièrement. Embauchez des professionnels expérimentés et qualifiés pour concevoir et enseigner les programmes de formation. Des formateurs et des professionnels qualifiés peuvent aider à établir la crédibilité de votre organisme de formation et à offrir une formation de qualité supérieure. Un grand nombre de professionnels perdent beaucoup de temps et ne franchissent pas l'étape des 3 ans d'activité car ils peinent à investir dans du personnel. Il faut accepter de ne pas pouvoir tout faire, pour pouvoir développer son organisme de formation.
- utilisation de la technologie : utilisez la technologie pour vous démarquer. Vous pouvez offrir une formation professionnelle en ligne et à distance. La technologie peut aider à réduire les coûts et à atteindre un public plus large, que vous n'auriez pas pu cibler géographiquement. Aussi, pour vos formations en présentiel la technologie est très intéressante : vous pouvez utiliser des applications pour stimuler l'interactivité ou pour stocker des documents.

En résumé, pour créer un organisme de formation professionnelle qui aura un véritable avantage concurrentiel, il sera nécessaire de se concentrer sur une offre de formation de haute qualité qui soit adaptée aux besoins spécifiques du marché et des apprenants. Aussi, prenez le temps de réfléchir à une offre innovante et à votre qualité de service (notamment avec le Système de Management Qualité que nous évoquerons plus tard), cela va fortement vous aider à vous démarquer de la concurrence.

DEVENIR FORMATEUR : LES BONNES QUESTIONS À SE POSER

À la lecture de ces premières lignes, vous devez maintenant avoir une meilleure connaissance du secteur et des opportunités possibles. Vous devez donc poursuivre ce travail de découverte et de réflexion en vous demandant maintenant si le métier de formateur vous correspond compte tenu de vos projets professionnels et personnels, vos ambitions et vos motivations. Pour y répondre, c'est un travail d'introspection que nous vous proposons de démarrer.

Pour commencer, il n'y a pas de définition à proprement parler du métier de formateur, mais chacun des éléments ci-dessous va vous permettre de bien comprendre le métier. Selon le CIDJ (Centre d'Information et de Documentation Jeunesse) le métier de formateur se concentre sur la transmission des connaissances : «le formateur ou la formatrice reçoit des publics adultes, salariés de tous statuts ou des demandeurs d'emploi, à qui il transmet des connaissances théoriques, pratiques et professionnelles très spécialisées». Pour l'organisme France Compétences, qui est le régisseur du secteur de la formation, il s'agira plutôt d'une définition liée à l'accompagnement et à l'insertion : «il travaille en organisme de formation opérant dans le champ de la qualification, de l'accompagnement au retour à l'emploi ou à l'orientation professionnelle ou bien en entreprise». Enfin, le dictionnaire Le Robert définit le formateur comme une «personne qui forme, éduque, instruit». Les définitions sont nombreuses mais nous garderons la dernière car elle est libre à interprétation. Être formateur est propre à chacun. C'est une activité complètement libre basée sur la transmission de savoir et sur le partage.

L'autre question à se poser est : pourquoi devenir formateur? Réfléchir au «pourquoi» est une étape cruciale qui va vous guider tout au long de votre carrière de formateur. Les motivations sont nombreuses, personnelles et doivent être déterminées à l'issue d'un long travail de réflexion.

Pour vous faciliter cette démarche, nous vous proposons de baser votre introspection sur une méthode, l'IKIGAI, qui va vous aider à comprendre si votre projet de devenir formateur et/ou de créer votre propre centre de formation correspond réellement à vos attentes.

La méthode de l'IKIGAI pour trouver sa raison d'être

L'IKIGAI est une philosophie de vie difficilement traduisible en français. Elle est énormément adoptée au Japon lors de choix professionnels ou d'orientation dans le cadre des activités scolaires et universitaires. Pour faire simple, elle vise à apporter une réponse à la fameuse question : « Pourquoi je me lève le matin et pourquoi ma vie vaut la peine d'être vécue ? » Prendre le temps de réaliser cet exercice, c'est s'assurer de comprendre ce qui fait sens pour vous, ce qui vous anime. C'est donner de la signification à son quotidien et *in fine*, vous assurer d'évoluer dans un domaine qui vous rend heureux.

Selon cette méthode, chaque personne a sa propre mission de vie, il suffit de la trouver à la croisée de 4 chemins :

- la passion (la chose que vous adorez faire) ;
- la mission (ce dont le monde a besoin) ;
- la profession (un travail pour lequel vous pouvez être payé) ;
- la vocation (ce pour quoi vous êtes doué).

Tout au long de ce guide, vous trouverez des témoignages des personnes qui ont éprouvé les méthodes que nous vous préconisons. Nous avons fait des enquêtes sur les thématiques de ce guide, afin d'allier la théorie et la pratique. Concernant l'IKIGAI, c'est à travers les expériences vécues que vous pourrez encore mieux comprendre les bénéfices pour vous, en tant que professionnel de la formation.

Lorsque votre carrière de formateur aura débuté, vous pourrez utiliser la méthode IKIGAI au sein des groupes que vous animez ou lors de vos formations individualisées. En début de formation pour évaluer les attentes des participants. Pour les organismes de formation spécialisés en orientation, insertion, en management ou en développement personnel, vous pourrez en faire un atelier dédié. C'est ce qu'a fait Arielle Drepi, que nous avons rencontrée dans le cadre de notre enquête.

TÉMOIGNAGE

Arielle Drepi, *RH Généraliste*

IKIGAI : QUELS APPORTS POUR UN FORMATEUR ?

Je suis actuellement RH Généraliste, j'anime des formations dans le cadre de mes fonctions. J'étais en pleine réflexion sur mon avenir professionnel, avec un bagage en RH. J'ai étudié à la Sorbonne et j'ai fait différents stages dans cette fonction. Par mes dernières expériences, j'ai commencé à m'intéresser particulièrement au secteur de la formation professionnelle. Est-ce que je voulais en faire mon métier ? Est-ce que je serai épanouie en tant que formatrice ? Me permettre d'avoir des revenus intéressants ? De gérer mon temps comme je le souhaite ? Ce que j'ai à transmettre suffit-il pour devenir formatrice ? Dois-je moi-même me former ? En prenant le temps de faire un bilan de compétences, j'ai fait l'exercice d'IKIGAI. Ce fut une véritable révélation.

+ LA COMPRÉHENSION DE MES MOTIVATIONS ET VALEURS

Cette méthode japonaise m'a aidé à trouver un véritable équilibre entre ma vie personnelle et professionnelle. J'ai mieux compris mes motivations, mes forces, mes valeurs pour mieux pouvoir aider et accompagner les apprenants. Aujourd'hui, j'ai conscience de ce qui me motive profondément, de mes limites et de ce qui est important pour moi. Ainsi, je peux mieux cibler les sujets que je souhaite transmettre.

+ LE DÉVELOPPEMENT D'UNE APPROCHE PERSONNALISÉE AUPRÈS DES APPRENANTS

Je comprends mieux les besoins et les attentes des apprenants. J'ai une facilité à me mettre à leur place car je sais davantage prendre de la distance pour mieux écouter l'autre. L'écoute active a pris toute sa place au sein de mes formations, à la fois pour moi et pour les participants. Ils sont dans un climat de confiance et cela permet de capter l'attention et de bénéficier de leurs partages d'expériences. J'adapte mon approche pédagogique en fonction des groupes dans lesquels j'interviens, je personnalise les formations en fonction des besoins individuels de chaque personne au sein du groupe.

✚ L'ENGAGEMENT DES APPRENANTS : L'ENCOURAGEMENT ET LA MOTIVATION

J'utilise la méthode IKIGAI en formation ! Lorsque je forme des publics à l'art oratoire, à la gestion du stress ou des émotions, IKIGAI s'avère être très utile ! Je les aide donc à découvrir leur propre raison d'être. Souvent, les participants sont à la recherche de « sens », au travail ou dans leur vie en général. C'est pourquoi, pour pouvoir gérer son stress, ses émotions et maîtriser l'art oratoire il est important de comprendre ses motivations pour être réellement engagé.

✚ LA MÉTHODE DE L'IKIGAI FAVORISE UN ENVIRONNEMENT POSITIF

Je pense qu'utiliser cette méthode en atelier, notamment en début de formation, permet de créer un environnement qui encourage l'exploration et la découverte. Il y a d'autres méthodes qui peuvent être intéressantes à exploiter, telles que la « Pyramide du succès » par exemple, qui consistent à identifier les valeurs et les habitudes qui conduisent à la réussite, et à développer ces habitudes dans notre vie… La méthode d'IKIGAI m'a permis de m'ouvrir, de continuer à pousser la réflexion dans ce domaine.

Grâce à ce témoignage enrichissant, vous comprenez qu'utiliser IKIGAI pour comprendre vos motivations et vos valeurs est important et que c'est un exercice intéressant en début de formation pour prendre le temps de comprendre les besoins des apprenants.

Vous concernant, prenez le temps de la réflexion concernant ces 4 dimensions et demandez-vous si la formation professionnelle peut occuper la place centrale dans votre modèle de l'IKIGAI. Si c'est le cas, foncez ! Si vous hésitez encore, nous vous invitons de poursuivre votre réflexion grâce à ce guide.

À présent, vous avez les clés pour répondre à la question « pourquoi devenir formateur ? ». C'est une très bonne base, mais qui peut être facilement suivie par une question complémentaire : quel type de formateur suis-je ? Comment est-ce que je peux transmettre mes connaissances ? Et auprès de qui ?

DÉFINIR ET TRAVAILLER VOTRE STYLE DE FORMATEUR

L'objectif de cette section n'est pas de vous dresser une liste des qualités d'un formateur car vous pouvez très facilement trouver l'information sur Internet en analysant quelques offres d'emploi. Les qualités décrites sont très souvent «passe-partout», assez creuses et n'indiquent en rien les aspects différenciants d'un formateur épanoui dans sa carrière.

Un formateur qui croit en son projet et qui sait pourquoi il réalise cette activité sera en mesure de développer les qualités requises pour être bon formateur, telles que :

- la persévérance : être motivé et intéressé par son activité il n'hésitera pas à se former pour développer son expertise afin de proposer une offre adaptée aux besoins du marché ;
- la pédagogie : un formateur qui croit en son projet saura donner envie aux bénéficiaires de sa formation de passer du temps à apprendre. Il sera capable de proposer une pédagogie réfléchie et innovante, en passant par des méthodes d'enseignement diverses et en prenant le recul nécessaire pour être dans une logique d'amélioration continue ;
- le dynamisme : une personne inspirée véhiculera de l'enthousiasme et du dynamisme autour de lui car il sera le premier moteur de ses apprenants ;
- la polyvalence : en tant qu'indépendant ou dirigeant de centre de formation il saura être à l'écoute du marché et faire du réseautage : participer aux salons liés à son expertise, être actif sur les réseaux sociaux, développer un site Internet, faire de la veille. Il devra donc jongler entre ces différentes activités pour perdurer.

Par conséquent, faites-vous confiance ! Si vous avez pris le temps de comprendre pourquoi vous souhaitez exercer ce métier, c'est que vous disposez déjà en vous des qualités nécessaires. Il ne vous restera plus qu'à les exprimer ou les affirmer davantage. Autrement dit, il s'agit de passer de la théorie à la pratique en exprimant vos qualités au cours de vos sessions de formation. C'est sur ce point-là que vous disposez de la marge de manœuvre la plus importante. En fonction de vos expériences passées, de vos appétences, de vos envies, vous avez la possibilité de faire varier différents paramètres dans le déroulé d'une session de formation :

- former en individuel ou en collectif ;
- former en présentiel, à distance ou sur un format mixte ;
- utiliser la formation comme votre activité principale ou comme un complément d'activité ;
- former seul, en binôme ou à plusieurs ;
- dédier votre activité à une thématique ou vous laisser la possibilité de former à différents sujets.

Ce sont ces points que vous devez creuser afin de répondre à la question « quel formateur suis-je ? ». Ainsi, vous pourrez affirmer votre style, identifier votre zone de confort, vos axes d'amélioration et vos préférences en matière de travail. Si une réflexion personnelle permet d'apporter des premiers éléments de réponse, c'est principalement l'expérience qui vous aidera. D'autant plus que vos préférences peuvent varier au fil du temps. C'est en accompagnant et en animant vos premières sessions de formation que vous serez en mesure de comprendre ce qui vous plaît et ce qui vous plaît moins.

Vous avez atteint la fin de ce premier chapitre dédié à la connaissance du marché de la formation et du métier de formateur. Vous avez donc maintenant une connaissance plus fine des nouvelles tendances en matière de formation et de ce qu'implique le métier. Il ne vous reste plus qu'à vous forger des convictions !

L'ESSENTIEL

+ **Bien que le métier de formateur semble être à la mode, il n'est pas fait pour tout le monde.** Avant de vous lancer, prenez le temps de réaliser un travail d'introspection afin de savoir si ce nouveau défi répond bien à vos aspirations. Si les avantages sont nombreux (transmission connaissance, développement d'expertise...), les inconvénients sont aussi là (charge de travail, marché concurrentiel où il peut être difficile de trouver sa place...).

+ **Le domaine de la formation professionnelle s'intègre pleinement dans un écosystème riche et dynamique.** En tant que formateur, vous avez l'obligation d'être un acteur à part entière de cet écosystème afin d'en comprendre les tenants et les aboutissants. Être formateur, c'est, en partie, être en mesure de se coordonner avec les entités publiques et les autres organismes privés afin de proposer une offre de formation réaliste, viable et pertinente par rapport aux besoins du marché.

CHAPITRE 2

Un statut juridique qui s'adapte à l'activité

Executive summary

- **Nous y sommes!** Vous avez passé la première étape qui consiste à affirmer vos attentes, vos ambitions et à prendre la décision de vous lancer dans le monde de la formation. La prochaine étape est celle qui consiste à commencer les démarches légales et administratives nécessaires pour occuper cette activité.
- **La formation est un domaine de plus en plus réglementé** avec des obligations en matière d'inscription et de déclaration. Ainsi, vous devez vous demander quel est le statut juridique le plus adapté à votre future activité. Le choix du statut juridique dépend de plusieurs critères : votre situation professionnelle, vos besoins actuels, vos aspirations futures et votre organisation (activité principale ou complément d'activité).
- **Enfin, la question fatidique qui servira de fil conducteur à ce dossier :** souhaitez-vous devenir indépendant, créer un organisme de formation ou faire partie d'un organisme déjà existant? Tant de questions qu'il faut se poser avant de choisir votre statut juridique.

CHOISIR LE STATUT JURIDIQUE LE PLUS ADAPTÉ

Le premier choix qui s'offre à vous est le suivant : intégrer un organisme de formation existant et y jouer un rôle de formateur en tant que salarié, ou lancer votre propre activité et devenir formateur indépendant. Les deux options comportent des avantages et des inconvénients. La première option vous donne une certaine stabilité grâce à un contrat salarié et vous permet de vous débarrasser de toutes les contraintes administratives associées à la création d'entreprise. La seconde option, si vous souhaitez créer votre propre organisme, vous propose des démarches plus longues mais des possibilités de bénéfices plus nombreuses. Dans la suite de cette partie, nous nous focaliserons principalement sur le scénario où vous souhaitez vous lancer en tant que formateur indépendant, car c'est là où le manque d'information se fait le plus ressentir.

Si vous souhaitez rester autonome et organiser votre temps librement, proposer des formations sur les thèmes et les prix que vous souhaitez, alors vous êtes sans doute fait pour devenir formateur indépendant ! Dans ce cas, vous aurez pour obligation d'opter pour un statut juridique particulier afin d'exercer votre activité. La plupart des formateurs indépendants choisissent de devenir auto-entrepreneur ou de créer une société unipersonnelle (type SASU, EIRL ou EURL).

L'auto-entreprise

Si vous optez pour un régime auto-entrepreneur, l'auto-entreprise, appelée « micro-entreprise », est une entreprise qui bénéficie d'un régime très simplifié pour vous permettre de vous concentrer sur votre activité de formateur sans avoir de démarches administratives trop lourdes. Avec ce régime, vous exercez avec votre propre nom (sans passer par la création d'une entreprise / d'une personne morale).

C'est le régime le plus simple car créer une micro-entreprise est gratuit et rapide. L'idée sous-jacente derrière ce régime est de favoriser le lancement d'activités et de minimiser les freins juridiques en offrant de nombreux avantages (attention, l'ensemble des avantages cités ci-dessous ne sont valables que si votre chiffre d'affaires est inférieur à 72 600 €. Au-delà, vous allez gérer une activité trop conséquente pour le régime de la micro-entreprise, un changement de régime sera alors nécessaire) :

- une comptabilité simple et accessible à tous, vous n'avez pas pour obligation d'avoir un comptable ;
- une absence de TVA à facturer (jusqu'à 34 400 € de chiffre d'affaires) ;
- une exonération de charges sociales ;
- un abattement de 34 % du chiffre d'affaires pour déterminer l'impôt sur les revenus.

Comme dans tous les régimes juridiques, ces avantages sont contre-balancés par des inconvénients. Ces derniers seront de plus en plus importants au fur et à mesure de votre développement afin de vous inciter à quitter ce régime juridique (car il est adapté aux créations et aux petites structures) :

- un faible niveau de protection sociale : en cas de chômage vous n'avez pas les mêmes droits qu'un salarié, votre niveau de cotisation retraite est faible et vos droits à la sécurité sociale sont limités ;
- un risque personnel plus élevé : avec la micro-entreprise, les patrimoines professionnels et personnels sont confondus. Ainsi, si vous êtes endetté à cause de votre activité cela peut entraîner des répercussions sur vos biens et vos capitaux personnels ;
- une impossibilité de déduire des frais professionnels et des charges : c'est le plus gros inconvénient de ce régime.

L’entreprise individuelle

Si votre activité se développe et que vous finissez par dépasser le fameux plafond des 72 600 € de chiffre d’affaires (ce que nous vous souhaitons), pour développer votre activité seul avec un minimum de démarches administratives, vous devrez opter pour un autre régime : celui de l’entreprise individuelle. Il propose des avantages semblables à ceux de la micro-entreprise, tels que :

- une simplicité de création : le dossier de création est à déposer au centre de formalités des entreprises, il n’y a ni statut à déposer, ni de capital social à fournir ;
- une possibilité de déduire ses frais professionnels et ses charges.

Mais aussi des inconvénients dont on peut citer, par exemple :

- une faible protection sociale : ni statut salarié, ni cotisation chômage, ni retraite de salariés, ni mutuelle ;
- un risque personnel fort : vous exercerez en votre nom propre, donc il y a un risque concernant votre patrimoine, le personnel et le professionnel étant liés ;
- une imposition sur le revenu : votre taux d’imposition sera calculé en intégrant les revenus générés par votre activité de formation.

La SASU ou l’EURL

Si vous optez pour un régime avec une entreprise unipersonnelle : vous décidez de créer une structure juridique (une entreprise ou une personne morale) et ainsi de dissocier votre patrimoine personnel de votre activité. Vous pouvez alors opter pour différents types de structures : la SASU (société par actions simplifiées à associé unique) ou l’EURL (entreprise unipersonnelle à responsabilité limitée).

Tout comme la micro-entreprise, le régime unipersonnel dispose lui aussi d'avantages certains (applicables aussi bien pour la SASU que pour l'EURL) :

- une responsabilité limitée : avec une personne morale, votre responsabilité est limitée donc votre patrimoine personnel est protégé ;
- une déduction de charges et de frais.

Cependant, les avantages sont contrebalancés par des inconvénients :

- des formalités administratives de création lourdes : dépôt de statut, capital social, domiciliation du siège social, compte bancaire professionnel, dépôt au greffe, immatriculation...
- des obligations juridiques, sociales et comptables : production de comptes annuels, déclarations URSSAF, TVA sur les revenus, imposition sur les revenus personnels ou sur les revenus de la société, réunions régulières de l'assemblée générales...
- une absence de couverture chômage : vous êtes dirigeant de la personne morale, par conséquent, vous ne cotisez pas.

Pour ce type de structure, nous vous recommandons de faire appel à des professionnels qui pourront prendre en charge une partie de vos obligations comptables et administratives. Pour générer du chiffre d'affaires et proposer vos formations, vous devez obligatoirement vous dégager du temps et éviter d'être parasité par des tâches élémentaires mais chronophages. Néanmoins, déléguer une partie de ce travail représente un coût non-négligeable. Il est nécessaire de comparer les offres à disposition et de choisir un partenaire qui sera en mesure de vous offrir le meilleur rapport qualité-prix. N'oubliez pas que dans ce type de statut juridique, c'est votre responsabilité qui reste engagée en cas d'erreur ou de litige. Votre responsabilité est dite «limitée», mais elle est toujours bel et bien engagée alors assurez-vous d'être au clair sur l'ensemble de vos droits et de vos responsabilités.

Et si vous optiez pour le portage salarial : cette démarche consiste à passer par un intermédiaire, une société de portage entre vous et vos clients. Il s'agit donc d'une relation tripartite entre :

- le client : le bénéficiaire de l'action de formation ;

- le formateur : en l'occurrence, vous ;
- la société de portage : un organisme de formation, agrée et habilité à délivrer des formations.

Avec ce mécanisme, vous confiez à la société de portage toute la gestion administrative, fiscale et comptable de votre activité. Elle contractualise avec vos clients, elle vous salarie, elle émet les factures pour vous, réalise les relances et transforme les honoraires en salaire. Vous possédez ainsi un statut de salarié mais avec un fort niveau de liberté et d'autonomie. Cette forme d'activité propose de nombreux avantages :

- une simplicité : vous déléguez les tâches comptables et administratives ;
- une liberté : vous vous organisez librement et vous pouvez vous concentrer uniquement sur ce qui vous plaît le plus (prospection de nouveaux clients, animation de sessions de formation...) ;
- une protection sociale : vous cotisez à l'assurance chômage et à la retraite car vous êtes salarié. Vous adhérez par la même occasion à une mutuelle d'entreprise. Votre activité est également protégée par l'assurance responsabilité civile et professionnelle de la société de portage ;
- un respect de la règlementation : la société de portage, étant un organisme de formation, elle se charge de toutes les déclarations, agréments et documents nécessaires pour gérer une activité de formation légalement en France ;
- un accompagnement : pour les meilleures, vous êtes conseillé par la société de portage pour la gestion de votre activité, la prospection de vos clients, la mise en place de plan d'optimisation de vos revenus.

Là encore, les avantages sont contrebalancés par des inconvénients :

- un prix à payer à la société de portage : en moyenne, vous devez verser entre 8 % et 15 % de votre chiffre d'affaires (selon la société de portage salarial et les services demandés) ;

- des cotisations sociales élevées : les cotisations sociales sont celles d'un salarié.

Dans cette partie, nous avons abordé les 3 principales options qui s'offrent à vous afin de lancer votre activité de formation en tant qu'indépendant.

DEVENIR FORMATEUR INDÉPENDANT

Si la lecture de la section précédente vous a conforté dans votre envie de vous lancer en tant que formateur indépendant, il ne vous reste plus qu'à entreprendre les démarches administratives nécessaires pour déclarer votre activité. Là encore, ces démarches dépendent du statut choisi.

- Si vous optez pour la micro-entreprise, les démarches sont simplifiées. Il vous suffit de vous inscrire en ligne sur le site de l'URSSAF et de vous déclarer en tant qu'auto-entrepreneur.
- Si vous souhaitez créer une entreprise individuelle, vous devez vous rapprocher du Centre de Formalités des Entreprises (CFE) dont vous dépendez. Il prendra alors en charge l'ensemble des modalités de déclaration. Le choix de votre CFE se fera en fonction de la nature de l'activité, dans notre cas, le CFE commercial.
- Si vous optez pour le portage salarial, vous n'avez pas à créer d'entreprise. Une convention de portage doit être signée entre vous et la société de portage. Cette dernière se charge alors de l'ensemble des démarches administratives. Vous réalisez vos formations par l'intermédiaire de conventions de formation ou contrats de prestation, signées entre les bénéficiaires de la formation et la société de portage.

CRÉER UN ORGANISME DE FORMATION À PLUSIEURS

Pour certaines personnes l'idée de se lancer seules dans la création d'une structure peut comporter des freins. La présence d'un ou de plusieurs associés est un moyen de se rassurer et de combiner des connaissances complémentaires. Si vous souhaitez combiner liberté et travail en équipe, le régime proposé par les sociétés pluripersonnelles est celui qui vous correspond ! Les personnes morales (entreprises) qui relèvent de ce régime sont nombreuses néanmoins, la SAS – Société par Actions Simplifiée – est la forme de société pluripersonnelle la plus utilisée lorsqu'il s'agit de s'associer pour créer un organisme de formation.

Dans cette partie, nous vous proposons de vous expliquer en détail le modèle de la SAS, ses modalités de création et de fonctionnement.

La SAS, ou société par actions simplifiée, est une société commerciale. Ses associés (au minimum deux) y bénéficient d'une responsabilité limitée au montant de leurs apports. Cet apport est défini librement, sans minimum, lors de la création de la structure. Actuellement, la SAS est considérée comme la structure avec le statut juridique le plus simple. En effet, en plus de limiter les risques, elle offre une grande liberté aux associés pour définir leur mode de fonctionnement. La loi laisse une grande liberté sur de nombreuses modalités de fonctionnement de la SAS, permettant aux associés de définir et d'aménager ces modalités comme ils le souhaitent. Plus simplement, les dirigeants ont une plus grande autonomie dans la rédaction de leurs statuts. Il s'agit là d'une spécificité de la SAS car d'autres structures comme la SARL sont beaucoup plus réglementées avec une marge de manœuvre plus faible pour les associés.

Plus précisément, les associés et dirigeants d'une SAS peuvent définir :

- la nature, le fonctionnement et les conditions de délibération des organes de direction (à l'exception du président qui demeure obligatoire) ;

- les conditions et formes des prises de décisions collectives des associés ;
- l'encadrement des cessions des titres.

Le dernier avantage offert par la SAS, et pas des moindres, est celui qui permet aux associés de protéger leur patrimoine personnel. Ces derniers ne mettent en jeu que leur participation au capital social.

Si vous souhaitez vous associer et créer une SAS, il vous faudra passer par un certain nombre d'étapes pour répondre à l'ensemble des exigences administratives. Parmi les étapes incontournables de la création d'une SAS, vous retrouverez :

- le dépôt des sommes représentatives des apports en numéraire sur un compte bloqué par chaque associé ;
- la rédaction et la signature de statuts qui prévoient la nomination d'un président (obligatoirement dans les statuts) ;
- la diffusion d'une annonce légale faisant état de la création de votre SAS dans un journal habilité ;
- l'envoi d'une demande d'immatriculation auprès du centre de formalités des entreprises (CFE).

Pour vous accompagner dans vos démarches administratives, vous pouvez faire appel à certains organismes spécialisés. Vous bénéficierez alors de l'aide et des conseils de spécialistes de la création d'entreprises.

À noter : si vous souhaitez faire appel à un organisme pour la création de votre SAS soyez vigilant ! Nous vous conseillons de ne pas dépasser le plafond des 1 000 €. Les prix proposés sont parfois exorbitants d'autant plus qu'ils s'ajoutent au dépôt de capital.

L'ESSENTIEL

- **Le statut auto-entrepreneur** a des avantages, tels qu'une création d'entreprise simple et rapide, des cotisations sociales allégées, des formations comptables simplifiées ; ...mais aussi des inconvénients comme un chiffre d'affaires plafonné, une impossibilité de déduire des frais professionnels, une responsabilité illimitée, des obligations administratives : agréments, certifications, pas de protection sociale, des assurances à souscrire.

- **La société unipersonnelle** apporte 3 avantages : un chiffre d'affaires déplafonné, une possibilité de déduire des frais professionnels, une responsabilité limitée ; et plusieurs inconvénients, par exemple une création d'entreprise complexe et coûteuse, une comptabilité à tenir, des obligations administratives (agréments, certifications, pas de protection sociale, des assurances à souscrire).

- **Le portage salarial** offre plus d'avantages avec une mise en place rapide (moins de 24 h), une protection sociale (chômage, retraite), des avantages entreprise (mutuelle, plan d'épargne...), un bulletin de salaire, aucune démarche administrative, une couverture par les assurances ; ainsi que peu d'inconvénients : un coût (cotisations sociales d'un salarié) et un montant à verser à la société de portage.

- **Le statut juridique que vous allez choisir lors de votre création d'activité pourra changer tout au long de celle-ci comme nous l'avons démontré.** Il ne faut pas que cette étape vous freine et vous empêche de lancer et développer votre activité. Il évoluera en fonction de l'évolution de votre activité. Toutefois, il s'agit de démarches administratives qui peuvent s'avérer être plus ou moins lourdes. C'est pourquoi l'idéal est de prendre le temps de recueillir un maximum d'informations pour faire le bon choix dès le départ.

CHAPITRE 3

Les étapes incontournables pour exercer en tant qu'organisme de formation

Executive summary

- **Si vous avez suivi nos conseils, vous venez de passer une étape clé.** Vous pouvez être fier de vous car elle constitue une grande difficulté pour de nombreuses personnes. Vous disposez maintenant d'un statut juridique et potentiellement d'une entreprise, mais votre activité de formation professionnelle n'est toujours pas déclarée. Il vous manque encore quelques démarches à réaliser pour passer d'entreprise ordinaire à organisme de formation.
- **Dans ce dossier, nous décortiquerons les dernières étapes** qui vous permettront de créer officiellement un centre de formation. Encore un petit peu de patience et de motivation, vous y êtes presque !

COMPLÉTER SA DÉCLARATION D'ACTIVITÉ

D'après le Ministère du travail « toute personne physique ou morale qui réalise des prestations de formation professionnelle doit déclarer son activité dans les 3 mois suivant la première convention ou le premier contrat de formation conclu ». Autrement dit, la première obligation pour une entreprise qui réalise des actions de formation est de déclarer son activité.

Une fois la création de votre entreprise finalisée, vous avez la possibilité de vous lancer et de commercialiser vos premières actions de formation. Il s'agira d'aller à la rencontre du marché et de ses acteurs afin de proposer une offre de formation innovante, différenciante et qui saura séduire votre public (nous aborderons ce volet plus en détail dans la suite du guide). Une fois votre premier client décroché, vous aurez pour obligation de contractualiser avec lui par l'intermédiaire d'une convention de formation. Il s'agit d'un contrat passé entre une entreprise et un financeur d'une action de formation. C'est à partir de la signature de ce document que vous serez obligé de déposer une déclaration d'activité. Cette obligation figure à l'article L6351-1 du Code du Travail : « toute personne qui réalise des prestations de formation professionnelle continue dépose auprès de l'autorité administrative une déclaration d'activité, dès la conclusion de la première convention de formation professionnelle ou du premier contrat de formation professionnelle. »

Cette obligation s'adresse globalement à tous les acteurs de la formation, à l'exception de quelques cas précis.

Professionnels de la formation concernés ou non par la déclaration d'activité

La personne qui exerce l'une des actions de développement des compétences suivantes est tenue de déclarer son activité :

- une action de formation ;
- un bilan de compétences ;
- des actions permettant de faire valider les acquis de l'expérience ;
- des actions de formation par apprentissage.

Cependant, les professionnels non concernés par la déclaration d'activité sont :

- le prestataire qui propose des formations à des particuliers dans leurs activités de loisirs ;
- l'entreprise qui réalise pour son personnel des formations professionnelles internes par ses propres moyens.

Vous avez pour obligation d'effectuer cette déclaration d'activité dans un délai de 3 mois après la conclusion de votre première convention de formation. Vous devez envoyer par courrier ou par mail un ensemble de pièces justificatives auprès de la DREETS, la Direction régionale de l'économie, de l'emploi, du travail et des solidarités, anciennement la DIRECCTE, Direction régionale des entreprises, de la concurrence, de la consommation, du travail et de l'emploi avant le 1er avril 2021).

Les pièces justificatives à envoyer sont les suivantes :

- une copie du justificatif d'attribution d'un numéro SIREN (obtenu lors de la création de votre entreprise) ;
- le bulletin n°3 du casier judiciaire, du dirigeant pour les personnes morales ou du déclarant pour les personnes physiques ;
- une copie de l'un des éléments suivants : première convention de formation professionnelle, bon de commande ou facture établie pour la réalisation de la prestation de formation ;

- tous les supports d'informations permettant de décrire le contenu de l'action, son organisation et les moyens techniques et pédagogiques mobilisés.

En complément, l'administration peut vous demander l'envoi d'un justificatif concernant la première prestation de formation réalisée, les personnes ayant suivi cette formation ou la nature de cette formation. Elle peut aussi vous demander un justificatif concernant les compétences des personnes qui ont réalisé la formation. En cas de demande d'informations complémentaires par la DREETS, vous disposez d'un délai de 15 jours pour y répondre. Faute de réponse de votre part, votre demande de déclaration d'activité sera rejetée.

La DREETS dispose d'un délai de 30 jours pour analyser votre dossier. Passé ce délai, en l'absence de retour, vous pouvez considérer que votre demande est validée. Une fois obtenue, vous êtes officiellement reconnu par les services de l'État comme un organisme de formation. Vous recevrez par courrier postal votre numéro d'enregistrement de déclaration d'activité que vous devrez faire figurer sur l'ensemble de vos factures, documents… car il atteste de votre statut d'organisme de formation. Cette déclaration vous permet également de bénéficier d'une exonération de TVA du fait du lancement de votre activité. Enfin, elle vous permet de légitimer votre activité auprès de vos futurs clients en démontrant votre implication et votre respect des normes en vigueur.

Dernier rappel, la déclaration d'activité est obligatoire et peut faire l'objet d'un contrôle par l'État, mais plus largement, par l'ensemble des acteurs avec lesquels vous travaillez. Aussi, vos clients peuvent contrôler votre activité.

Comment savoir si un organisme est déclaré sur la liste publique des organismes de formation ?

Toute personne morale ou physique qui bénéficie de vos formations peut vérifier si votre activité est bien déclarée car la Liste publique des organismes de formation (L.6351-7 du Code du travail) est accessible très simplement sur le site du Ministère du Travail.
En cas de contrôle et de non-respect de la réglementation, votre structure pourra être considérée comme irrecevable à la déclaration d'activité et par conséquent ne jamais avoir l'opportunité de devenir un organisme de formation. Attention donc à ne pas vous laisser submerger et à bien respecter le délai des 3 mois qui suivent votre première convention de formation pour lancer cette démarche.
Ci-dessous un extrait de la liste des organismes de formation accessible depuis le site du Ministère du travail :

Numéro Déclaration Activité	Dénomination	Siren	Siret Etablissement Déclarant
11788457578	01 AFFORP	89017	89017665400014
11930884493	093 LAB	84891	84891231700023
75331040933	CARRIERES ET FORMATION	32687	32687857600130
72640256064	CARRIERES ET INSERTION / C E	48248	48248172800053
11941080594	Carrières et Transitions	90082	90082859100017
11950692095	Carrière Shaker	84272	84272193800012
72400045140	CARRIERES SIMON CHRISTINE	42162	42162562500056
93131646913	CARRIERES SPORT CONSULTIN	81344	81344242300022

Une fois que vous avez complété votre dossier de déclaration d'activité et respecté les délais donnés précédemment, vous avez fait le nécessaire pour déclarer votre activité de formation et obtenir un numéro d'enregistrement. C'est maintenant au tour de l'administration de travailler et d'examiner votre dossier. Le service régional de contrôle de la DREETS doit vous donner sa réponse dans les 30 jours après la réception du dossier complet. Le silence gardé dans ce délai vaut enregistrement de la déclaration.

En cas de retour positif, la DREETS vous délivre alors un récépissé de déclaration d'activité avec votre numéro d'enregistrement. Dans le cas contraire, votre demande peut faire l'objet soit d'un refus soit d'une demande de compléments d'informations. Parmi les principaux motifs de refus nous retrouvons (article L6351-3 du Code du Travail) :

- des prestations prévues ou réalisées qui ne correspondent pas à des actions de formation, la déclaration d'activité ne s'applique donc pas ;
- des dispositions concernant la réalisation des actions de formation qui ne sont pas respectées ou pas mentionnées : construction d'un programme, remise d'une attestation de fin de formation... ;
- des pièces justificatives manquantes au dossier ;
- une condamnation de l'entreprise ou du dirigeant pour des crimes ou des délits incompatibles avec l'exercice de fonctions de direction, d'enseignement ou d'administration d'un organisme de formation. Il s'agit, par exemple, d'une condamnation pour manquement à l'honneur et à la moralité, d'une interdiction temporaire ou d'une sanction pénale en lien avec l'activité de formation professionnelle.

En cas de refus, le préfet de la DREETS dont vous relevez doit obligatoirement motiver les raisons du refus d'enregistrement et vous indiquer les moyens de recours possibles.

COMPLÉTER SON PREMIER BILAN PÉDAGOGIQUE ET FINANCIER

Une étape supplémentaire validée ! Avec la déclaration d'activité vous devenez officiellement un organisme de formation. Vous êtes donc considéré comme un acteur français du marché de la formation et vous disposez du droit de commercialiser des formations. Ces droits s'accompagnent de devoirs, et l'un d'eux consiste à produire un bilan pédagogique et financier.

Chaque année, les organismes de formation doivent transmettre un Bilan Pédagogique et Financier (BPF) à la DREETS. Ce document retrace leur activité en matière de formation professionnelle au cours du dernier exercice clos. À défaut de transmission, la déclaration d'activité devient caduque.

Depuis 2022, le bilan est à envoyer depuis la plateforme « Mon Activité Formation », site sécurisé du Ministère du travail, accessible aux organismes de formation *via* l'URL suivant : https://mesdemarches.emploi.gouv.fr/. À l'issue du dépôt de votre déclaration d'activité, vous recevrez un courrier dans lequel sera mentionné votre identifiant de connexion à la plateforme. Lors de votre première connexion, vous aurez la possibilité d'y créer un compte à l'aide de votre numéro SIRET et d'une adresse électronique valide. Enfin, vous aurez la possibilité de saisir directement votre bilan pédagogique et financier avec les informations suivantes :

- le nombre de sessions de formation organisées au cours de l'exercice ;
- le nombre de bénéficiaires de vos actions de formation au cours de l'exercice ;
- vos informations comptables.

En respectant les obligations administratives que nous venons d'expliquer, vous vous assurez d'être à jour concernant vos devoirs. Si ces démarches et déclarations peuvent paraître chronophages, elles restent essentielles afin d'assurer le développement de votre structure et la commercialisation de vos formations.

L'ESSENTIEL

- **Suivre les démarches administratives nécessaires à la création d'un organisme de formation représente sans doute l'étape qui vous permettra le plus de passer du rêve à la réalité.** On retiendra principalement deux démarches clés qui vous ont été présentées dans ce chapitre :

  - ☐ déclarer son activité de formation auprès de la DREETS dans un délai de 3 mois après la signature de sa première convention de formation ;
  - ☐ compléter annuellement son bilan pédagogique et financier sur le site « Mon activité formation ».

- **À ces démarches exclusives au domaine de la formation, viennent s'ajouter des obligations qui incombent à toutes les entreprises françaises notamment en matière de gestion et de comptabilité.**

CHAPITRE 4

Les référencements

Executive summary

- **Si le domaine de la formation professionnelle vous intéresse,** le terme « Qualiopi » doit vous être familier. Pour certains, il est synonyme d'inquiétudes, de nouveaux concurrents sur le marché et de charge de travail supplémentaire. Pour d'autres, il est perçu comme un levier d'opportunités permettant de se démarquer et d'aller à la conquête de nouveaux clients.
- **En réalité, l'entrée en vigueur de la certification Qualiopi,** avec tous les bouleversements qu'elle provoque, redistribue les cartes sur un marché où les leaders occupent une place prépondérante. Grâce à cette certification, les indépendants et nouveaux entrants peuvent plus facilement faire la différence. Elle leur permet de se faire une place rapidement et de se distinguer des acteurs historiques qui, pour certains, peinent à se renouveler et à répondre aux exigences de cette nouvelle certification.
- **Tout au long de ce chapitre, nous détaillerons les obligations légales** qui incombent aux organismes de formation en matière de certification professionnelle. Aussi, nous expliquerons, étape par étape, le processus de la certification Qualiopi et nous vous partagerons des conseils clés qui vous permettront de décrocher ce précieux sésame.

CERTIFIER SON ORGANISME DE FORMATION AVEC QUALIOPI

Une arme pour lutter contre la fraude

Se certifier, c'est un moyen de démontrer sa légitimité ! Les organismes qui disposent d'une certification sont privilégiés et se démarquent en attestant de la qualité de leur processus et de leurs modes de fonctionnement. La mise en place de la certification Qualiopi, en imposant des exigences strictes, est venue élaguer le nombre d'organismes afin que chaque client puisse bénéficier d'un service de qualité, mais aussi distinguer le vrai du faux. Par conséquent, les organismes de formation peu soucieux de leur démarche qualité vont avoir de plus en plus de peine à perdurer.

Face à un secteur en pleine restructuration, certaines personnes mal intentionnées ont vu dans la formation professionnelle un moyen de gagner beaucoup d'argent en utilisant des méthodes peu scrupuleuses. L'entrée en vigueur de la certification Qualiopi est une réponse à ces pratiques. Elle impose des règles strictes et demande aux organismes de formation de redoubler d'efforts afin de justifier du sérieux et de la qualité des formations dispensées. Depuis janvier 2022, cette certification est obligatoire pour tous les organismes de formation, faute de quoi, il ne sera plus possible de signer de conventions de formation, ni de bénéficier de fonds publics. Une des ambitions de la certification Qualiopi est de venir lutter contre la multiplication des escroqueries au compte personnel de formation (CPF).

Le CPF est un dispositif destiné aux salariés et demandeurs d'emploi. Il permet d'accéder à des formations tout au long de sa carrière professionnelle. En se connectant à la plateforme Internet moncompteformation.gouv.fr, il est possible d'accéder directement à un crédit, en euros, utilisable pour s'inscrire à des formations. Aujourd'hui, il existe près de

38 millions de comptes déjà actifs et chacun d'entre eux est crédité de 500€ à 800€ par an en moyenne (précision importante, seules les personnes actives peuvent créditer leur compte formation grâce à leur activité professionnelle, néanmoins il existe des spécificités pour les personnes issues du secteur public, par exemple). Si cette démarche vise initialement à démocratiser le recours à la formation, elle a involontairement lancé le top départ d'une course aux escroqueries CPF.

La Caisse des Dépôts et Consignations (CDC) qui gère la plateforme du CPF a relevé 32400 signalements de fraude qui ont été reçus au premier trimestre 2022, pour un préjudice qui dépasse les 27 millions d'euros.[1]

Le principe de l'escroquerie est simple : profiter de la méconnaissance du dispositif pour commercialiser de fausses formations finançables *via* le CPF. Par l'intermédiaire d'appels et de SMS à répétition, des personnes mal intentionnées soutirent à leurs victimes des informations personnelles comme leur nom, prénom, date de naissance, numéro de sécurité sociale... et trouvent le moyen d'accéder aux comptes CPF de leurs victimes afin de récupérer la totalité du solde présent.

TÉMOIGNAGE

Albertine Relane, *responsable d'un magasin de prêt-à-porter*

J'aimerais sensibiliser les personnes qui souhaitent se former *via* le CPF, car il y a des personnes qui ont des pratiques peu scrupuleuses, qui sont agréés sur moncompteformation.gouv.fr ! À la suite d'un démarchage par téléphone, j'ai commandé une formation en anglais qui m'a coûté 3000€ depuis la plateforme du CPF. En contrepartie, j'ai reçu une présentation PowerPoint de deux pages. Abasourdie, j'ai tenté de rejoindre la personne qui m'avait présenté et vendu cette formation, impossible de la contacter. À l'avenir, je vérifierai davantage avant de m'engager sur une formation même si elle est répertoriée sur le site qui est contrôlé par l'État. Je suis tombée des nues. Je pensais que sur un site vérifié, il n'y aurait pas d'escroqueries possibles. Je suis en train d'engager une procédure contre l'organisme en question afin d'être remboursée, mais je ne

1. Romain David, *Fraude au CPF : en deux ans, la Caisse des dépôts a porté plainte pour 27 millions d'euros de prejudice*, https://www.publicsenat.fr/, 29/07/2022

sais pas si elle va aboutir. J'avais réfléchi très longuement avant de faire cette formation, et les assistantes téléphoniques ont un discours bien rodé pour vous faire franchir le pas. Elles vous guident même à distance pour vous faire payer la formation sur le site et n'hésitent pas à vous demander combien vous avez d'euros sur votre CPF !

En quelques lignes, nous venons de vous présenter comment certains organismes ont essayé de dévaliser le marché de la formation professionnelle et engendrer de véritables fortunes. Compte tenu de l'ampleur de la situation, l'État s'est vite penché sur le sujet avec comme objectif : restreindre l'accès aux domaines de la formation à travers la démarche de certification Qualiopi.

À la rescousse d'un ancien référentiel peu efficace

Si vous avez entendu parler de la certification Qualiopi, vous devez peut-être connaître le référencement Datadock, que l'on considère souvent comme son ancêtre. Il est important de comprendre la logique de Datadock et ses failles, afin de saisir l'importance du nouveau référentiel qualité.

En 2015, l'entrée en vigueur du décret-qualité N°2015-790 impose le référencement Datadock pour tous les organismes de formation professionnelle. Néanmoins, cette démarche, considérée par beaucoup de professionnels comme trop facilement accessible, n'a pas véritablement permis de jouer son rôle de contrôle qualité. En se basant sur une procédure principalement déclarative, l'obtention du référencement Datadock était souvent associée à une simple procédure administrative, ne demandant pas de réelle démarche qualité de la part des organismes de formation.

Les critères de l'ancien référencement : Datadock

Le référencement Datadock se base sur 6 critères :

- Critère 1 : identification des objectifs de la formation et de son adaptation au public formé ;
- Critère 2 : adaptation des dispositifs d'accueil, de suivi pédagogique et d'évaluation ;
- Critère 3 : moyens pédagogiques techniques et encadrement de l'offre de formation ;
- Critère 4 : qualification et formation continue des formateurs ;
- Critère 5 : information au public sur l'offre de formation ;
- Critère 6 : prise en compte des appréciations rendues par les stagiaires.

Prenons un exemple concret : un des critères de Datadock vise à s'assurer que chaque organisme de formation diffuse et communique une information fiable et suffisante à l'ensemble de ses bénéficiaires. Pour répondre à ce critère, il suffit pour un organisme de rédiger une dizaine de lignes et de décrire les moyens à sa disposition pour communiquer sur ses actions de formation. Le principe est similaire pour l'ensemble des 6 critères du référencement Datadock.

En moins d'une heure, en quelques clics et grâce à de jolies tournures de phrases, voilà que quiconque avec un numéro d'activité à la possibilité d'obtenir un référencement Datadock et d'accéder aux marchés de la formation et à ses options de financement. La loi N°2018-771 du 5 septembre 2018 « pour la liberté de choisir son avenir professionnel » a sonné le glas de Datadock en indiquant que le référencement des prestataires de formation sur cette plateforme n'était plus suffisant. Cette loi a semé les graines qui permettront quelques années plus tard, en 2020, de voir germer la certification Qualiopi.

La nouvelle certification Qualiopi est garante de la qualité et harmonise les pratiques. Avant Qualiopi et face aux déviances existantes, les professionnels de la formation professionnelle ont dû s'organiser et parfois développer leur propre référentiel qualité. C'est le cas de Pôle Emploi, des fongecif[2] ou de certaines initiatives régionales (missions emploi, maison de l'emploi...). Sur la base du référencement Datadock, chaque acteur ajoutait des critères complémentaires pour tenter, tant bien que mal, d'attester du sérieux et de la qualité des organismes de formation avec lesquels ils souhaitaient collaborer. Certains acteurs sont allés plus loin en allant jusqu'à créer leur propre label qualité. En 2015, le CNEFOP (Conseil National de l'Emploi, de la Formation et de l'Orientation Professionnelle) a recensé pas moins de 53 labels et certifications qualité en matière de formation. La nouvelle certification nationale Qualiopi a permis d'octroyer les mêmes droits et devoirs à chacun, elle est reconnue par tous et constitue l'unique label qualité en matière de formation.

Pour favoriser le renouvellement des acteurs de la formation

Profitant d'un secteur au faible renouvellement pendant des décennies, certains acteurs de la formation ont pu établir des positions solides avec des offres simples, et des formateurs peu regardants des besoins et des évolutions du marché. Pendant de nombreuses années, il n'était pas rare de rencontrer des organismes de formation intervenants auprès de particuliers, d'entreprises, de villes, d'acteurs locaux depuis plus de 10 ans, sans qu'aucune modification ou évolution ne soit portée au programme ou au contenu des formations.

L'entrée en vigueur et l'obligation d'obtention de la certification professionnelle Qualiopi a eu deux conséquences majeures :

1. mettre hors-circuit les organismes de formation incapables de s'adapter et de faire évoluer leur contenu techniques et pédagogiques ;
2. favoriser l'émergence de nouveaux acteurs à même de proposer une offre innovante et différenciante.

2. Organismes paritaires interprofessionnels avec comme mission d'orienter, d'informer, de conseiller et d'accompagner les salariés dans leurs démarches de perfectionnement professionnel.

Les objectifs de la certification Qualiopi

La certification professionnelle Qualiopi, devenue obligatoire pour l'ensemble des organismes de formation en 2022, a eu l'effet d'un raz de marée dans le domaine de la formation. Elle a pour principales conséquences de :

- réguler le marché de la formation pour harmoniser les démarches qualité et limiter les fraudes ;
- bousculer les acteurs historiques pour favoriser le renouvellement et les contenus innovants.

À la lecture de cette partie, vous devez avoir pris conscience de l'ampleur que représente l'obligation légale pour l'ensemble des organismes de formation d'être certifiés Qualiopi. Si cette démarche effraie car elle représente une nouveauté et une charge de travail, il s'agit pour vous d'une opportunité. Une chance de vous faire une place rapidement et de coiffer au poteau des organismes obsolètes et incapables de s'adapter aux changements. Reste maintenant à comprendre ce qui se cache réellement derrière cette certification, comment l'obtenir et par quelles étapes passer. Notre prochain objectif est de répondre à toutes ces questions.

COMPRENDRE LA CERTIFICATION QUALIOPI

Depuis janvier 2022, l'obtention de la certification Qualiopi est obligatoire pour l'ensemble des organismes de formation qui souhaitent bénéficier de fonds publics. Elle atteste de la qualité des processus de formation proposés et du sérieux des organismes qui sont reconnus comme dignes de confiance par l'État.

Néanmoins, si vous avez pour projet de construire une offre de formation à destination exclusive de financeurs privés. C'est le cas, par exemple, d'une entreprise qui finance ses frais de formation grâce à ses bénéfices. La certification Qualiopi n'est pas obligatoire mais elle est fortement recommandée. En effet, on remarque que de plus en plus de financeurs privés exigent l'obtention de la certification Qualiopi pour collaborer avec des organismes de formation.

Est-ce que je suis concerné par la certification Qualiopi ?

Deux cas de figure sont possibles :

- vous construisez une offre de formation à destination de financeurs publics : la certification Qualiopi est obligatoire ;
- vous construisez une offre de formation à destination de financeurs privés : la certification Qualiopi n'est pas obligatoire, mais elle est fortement recommandée (il s'agira d'un critère de légitimité important en cas de mise en concurrence avec un autre organisme de formation). De plus en plus d'organismes privés exigent cette certification.

Le processus d'obtention de la certification Qualiopi est relativement simple. La certification est exclusivement délivrée par un certificateur agrée par l'État après un audit minutieux de votre organisme de formation. Le Ministère du travail a défini une liste de 40 certificateurs Qualiopi qu'il répertorie sur son site Internet. Par conséquent, la première étape de votre démarche de certification sera de signer un contrat d'audit avec le certificateur de votre choix.

Au cours d'une journée d'audit, le certificateur aura pour mission de vous interroger et de consulter vos processus, vos modes de fonctionnement, vos documents... pour s'assurer que vous répondez positivement aux exigences qualité imposées par Qualiopi. En cas d'approbation par l'auditeur, la certification Qualiopi est délivrée à un organisme pour une durée de 3 ans. À l'issue de ce délai, elle doit faire l'objet d'un renouvellement et donc d'un nouvel audit des processus qualité.

Cette démarche de certification a un coût. Chaque certificateur propose ses propres tarifs qui varient en fonction :

- du chiffre d'affaires de votre organisme de formation ;
- du nombre de sites dont vous disposez (cas où vous disposez d'un centre de formation avec plusieurs antennes, par exemple) ;
- de votre périmètre d'intervention : 4 catégories d'actions de formation sont proposées (action de formation, bilan de compétences, VAE, apprentissage en centre de formation). En fonction de vos ambitions et de votre périmètre d'action, vous devez choisir une ou la totalité de ces actions.

Le tarif de l'audit dépend également du choix fait entre les deux formules proposées :

- la formule classique qui comprend la réalisation d'un audit initial et les frais de déplacement d'un auditeur ;
- la formule d'accompagnement qui comprend en plus de la formule classique, un audit de préparation. Il s'agit d'une demi-journée supplémentaire au cours de laquelle vous rencontrerez un auditeur afin de vous permettre d'avoir un premier avis sur votre capacité à respecter les exigences qualité demandées par Qualiopi.

En moyenne, en cas de lancement d'activité et pour des structures à taille humaine (moins de 50 personnes), le prix d'un audit Qualiopi est estimé aux alentours de 1 500 € pour la formule classique et de 2 000 € pour la formule avec un accompagnement.

RÉFÉRENCER SON ORGANISME

Sélectionner un certificateur de votre démarche qualité

Nous l'évoquions précédemment, il existe au total 40 acteurs habilités à délivrer la certification Qualiopi. C'est donc à vous de sélectionner celui avec lequel vous allez vous associer dans votre démarche de certification. Pour vous aider dans votre choix, vous pouvez prendre en compte les éléments suivants :

- le prix : prenez le temps de contacter les différents organismes et d'établir des devis car les prix varient d'un certificateur à un autre. Vous pourrez ainsi vous faire une meilleure vision du marché et faire jouer la concurrence pour obtenir la proposition tarifaire la plus avantageuse ;
- la localisation : les certificateurs sont répartis un peu partout en France. Il est judicieux de sélectionner un acteur proche du siège social de votre organisme de formation car des frais de déplacement peuvent vous être facturés (remboursement de billets de train pour payer le déplacement de l'auditeur, par exemple) ;
- la date d'audit proposée : en fonction du nombre d'auditeurs disponibles, les délais pour obtenir une date d'audit sont parfois longs. Il faut donc l'anticiper en prenant en compte vos objectifs personnels (passer l'audit le plus vite possible ou garder un maximum de temps pour le travail de préparation) ;
- la réputation du certificateur : sur cette première étape, Internet et votre réseau seront vos meilleurs amis. N'hésitez pas à jeter un œil sur les forums de discussion en ligne qui regorgent d'informations et de retours d'expérience. Vous pouvez également activer votre réseau ou contacter des organismes de formation pour en savoir plus sur leurs expériences de certification ;

- tous les autres critères que vous considérez comme importants : prenez le temps de savoir quels sont les critères les plus importants pour faire le choix de votre certificateur, car vous allez devoir traiter avec lui pendant plusieurs années. Si pour vous, avoir un bon relationnel avec votre interlocuteur au téléphone est primordial, cela peut être un critère légitime. Tenez compte de votre mode de fonctionnement et de vos appétences personnelles pour sélectionner votre certificateur.

Contractualiser avec le certificateur

Vous avez choisi votre certificateur ? Vous pouvez maintenant passer à l'étape suivante : contractualiser avec lui et définir les modalités pratiques de son intervention. Un audit Qualiopi se déroule de la manière suivante :

- réalisation d'une journée d'audit au cours de laquelle vos processus qualité sont étudiés, analysés et questionnés ;
- réalisation d'une demi-journée d'audit de surveillance, planifiée avec le certificateur dans un délai de 14 à 22 mois après l'audit. Le rôle de l'auditeur sera à nouveau d'analyser vos processus qualité et de s'assurer qu'ils ont bien été maintenus dans le temps. À l'issue de l'audit de surveillance, l'auditeur peut décider du maintien ou de la suspension de la certification.

Précision importante, au minimum un des deux audits doit être réalisé en présentiel dans les locaux de votre organisme. C'est la raison pour laquelle sélectionner un certificateur proche géographiquement permettra de réduire le tarif de l'audit et les frais de déplacement de l'auditeur. Si vous n'avez pas de local, pas d'inquiétude, l'audit peut avoir lieu dans un espace de coworking (espace de travail partagé) ou dans un espace tiers réservé pour l'occasion.

Le travail préparatoire à l'audit Qualiopi

La certification Qualiopi se base sur un document unique : le Référentiel National Qualité (RNQ) disponible sur le site du Ministère du travail. Il décrit en détail les obligations d'un organisme de formation en matière de qualité à travers 7 critères et 32 indicateurs auxquels vous allez devoir répondre lors de votre audit.

> ### *Les 7 critères de la certification Qualiopi*
>
> - Critère 1 : les conditions d'information du public sur les prestations, les délais pour y accéder et les résultats obtenus.
> - Critère 2 : l'identification précise des objectifs des prestations proposées et l'adaptation de ces prestations aux publics bénéficiaires.
> - Critère 3 : l'adaptation aux publics bénéficiaires des prestations et des modalités d'accueil, d'accompagnement, de suivi et d'évaluation mises en œuvre.
> - Critère 4 : l'adaptation des moyens pédagogiques, techniques et d'encadrement aux prestations mises en œuvre.
> - Critère 5 : la qualification et le développement des connaissances et compétences des personnels chargés de mettre en œuvre les prestations.
> - Critère 6 : l'inscription et l'investissement du prestataire dans son environnement professionnel.
> - Critère 7 : le recueil et la prise en compte des appréciations et des réclamations formulées par les parties prenantes aux prestations délivrées.

Avec le référentiel national qualité comme base de travail, vous devez maintenant vous lancer dans un travail préparatoire. Il vous revient d'étudier chaque indicateur et de vous poser les questions suivantes :

- Est-ce que je suis concerné par cet indicateur ? En fonction de votre périmètre d'audit vous aurez une grille de lecture spécifique et certains indicateurs vous seront applicables ou non ;

- Est-ce que je dispose d'éléments de preuves suffisants pour démontrer à l'auditeur que je respecte les exigences de cet indicateur ? En se basant sur la liste d'éléments de preuves présentées dans le référentiel, vous devez réaliser un travail de fouille et de synthèse pour récolter de la documentation, des échanges de mails, des comptes-rendus, etc.

> **Conseil :** *L'erreur à ne pas commettre*
>
> Vous ne devez pas présenter à l'auditeur l'ensemble des informations qui figurent dans le référentiel national qualité. Ce dernier est là pour vous guider et vous donner des exemples. À vous d'identifier le ou les éléments de preuve les plus pertinents et les plus efficaces.

Lors de l'audit, il vous sera demandé de démontrer votre capacité à répondre aux indicateurs pour l'ensemble de vos actions de formation. Prenons un exemple concret : vous avez créé votre organisme de formation depuis 6 mois et vous proposez les actions de formation suivantes :

- formation pour améliorer la prise de parole en public : 2 sessions animées depuis la création de l'organisme ;
- bilan de compétences : 1 bilan de compétence réalisé depuis la création de l'organisme ;
- validation des acquis de l'expérience (VAE) : aucune action réalisée et vous ne projetez pas de développer cette activité.

L'auditeur peut vous demander de disposer d'éléments de preuve pour l'ensemble des actions réalisées : 2 sessions de formation, 1 bilan de compétences.

Des conseils pour se préparer efficacement

Le travail préparatoire à l'audit Qualiopi représente une phase cruciale. Le résultat de votre audit dépendra de votre capacité à rassembler de la documentation et à décrire / argumenter vos processus. Nous vous conseillons de :

- consacrer un temps et une organisation nécessaire à cette phase (plusieurs semaines ou plusieurs mois si vous en avez besoin) ;
- solliciter un regard extérieur : des organismes se sont spécialisés dans le passage de la certification Qualiopi et peuvent vous accompagner dans ce travail. Autre solution, plus économique si vous ne pouvez pas faire appel à un expert, sollicitez votre famille / amis qui peuvent parfois apporter une vision intéressante et vous aider pour challenger votre travail préparatoire.

Le déroulé de l'audit Qualiopi

Quelques jours avant l'audit, il vous sera demandé d'indiquer le lieu de la réalisation de l'audit. Il peut être réalisé à distance *via* un outil de conférence, en présentiel dans votre siège social, un espace tiers, voire votre domicile si vous avez fait le choix de référencer votre organisme chez vous. C'est à vous que revient le choix du lieu de l'audit, mais il est nécessaire de prévoir une logistique adaptée à la journée d'audit :

- un lieu calme et disponible durant la journée ;
- un accès à Internet pour vous permettre de partager de l'information ;
- des documents classés par critères.

L'audit démarre par une réunion d'ouverture de 30 minutes et permet à l'auditeur de se présenter et de vous dire quelques mots sur le déroulé de la journée. C'est également l'occasion de (re)valider le périmètre de l'audit. L'auditeur vous présente le plan d'audit qui reprend l'ensemble des indicateurs du référentiel national et l'ordre dans lequel ils seront traités. C'est ensuite à vous de prendre la parole pour présenter votre organisme de formation.

Les présentations passées, il est maintenant l'heure de se lancer dans l'audit. Pour cela, l'auditeur mène la danse à l'aide du plan d'audit. Les indicateurs du référentiel national de qualité sont pris un à un. Pour chaque indicateur, l'auditeur vous demande d'apporter des éléments de preuve de votre démarche qualité afin de savoir si vous y répondez favorablement ou non. En complément de ces éléments de preuve, l'auditeur peut également vous poser des questions pour en savoir plus. Au fur et à mesure, et après l'analyse de chaque indicateur, l'auditeur formule un avis sur la conformité ou non de l'indicateur. La journée se déroule sous un rythme soutenu pour vous permettre d'analyser l'ensemble des indicateurs du référentiel.

La journée se termine par une réunion de clôture animée par l'auditeur. Il est chargé de vous formuler un premier avis sur la capacité de votre organisme de formation à mettre en place une démarche qualité. Avec l'ensemble des informations à disposition, l'auditeur pourra ensuite rédiger un rapport d'audit et réunir un comité de validation dans un délai de 1 à 2 jours après l'audit. Ce comité est chargé d'analyser le rapport d'audit et de vous attribuer ou non la certification Qualiopi.

En cas de réponse négative, le rapport détaille une liste de non-conformités. Vous avez la responsabilité d'analyser cette liste et de vous lancer dans une démarche d'amélioration. Si c'est le cas, une nouvelle rencontre avec l'auditeur pourra être organisée et s'il juge que votre démarche est suffisante, il peut lever les non-conformités et décider de vous attribuer la certification.

Ce chapitre dédié à la certification Qualiopi se veut volontairement théorique pour vous permettre de comprendre les tenants et les aboutissants de cette démarche. Dans le prochain chapitre nous vous proposons de reprendre un à un les critères du référentiel national qualité afin de vous donner des éclairages et des conseils pratiques pour y répondre favorable et obtenir cette certification.

L'ESSENTIEL

- **Se lancer dans une démarche de certification,** c'est avant tout l'occasion de se mettre en conformité par rapport aux obligations légales mais aussi aux préconisations du législateur par rapport à son domaine d'activité.

- **Certifier son centre de formation Qualiopi** a permis à de nombreux organismes d'être plus robustes en se dotant de procédures et d'un système de gestion solide.

- **Ne tarder pas trop à vous lancer !** Utilisez le référentiel national qualité Qualiopi comme un socle dès la création de votre organisme et améliorez-vous au fur et à mesure de votre développement.

CHAPITRE 5

Répondre aux exigences des 7 critères de la certification Qualiopi

Executive summary

- **Après une présentation générale du cadre de la certification Qualiopi,** il est maintenant temps d'aborder dans le détail les différents critères et indicateurs qui la composent.
- **La première partie de ce chapitre sera consacrée à la présentation du concept de SMQ** (Système de Management Qualité) qui représente le fondement de la certification Qualiopi.
- **Par la suite, en se basant sur des retours d'expériences,** vous trouverez une analyse spécifique pour chaque indicateur ainsi que des conseils pratiques pour y répondre. Vous trouverez également des points d'attention pour ne pas commettre les mêmes erreurs que beaucoup d'organismes de formation avant vous.

MISE EN PLACE DU SYSTÈME DE MANAGEMENT QUALITÉ

En décidant de devenir formateur indépendant ou de créer un organisme de formation, vous devenez donc responsable de la qualité des formations que vous proposez. Ensuite, avec votre volonté d'être beaucoup plus visible sur le marché de la formation et de vous démarquer, vous décidez de passer la certification Qualiopi.

Notre précieux conseil est donc de profiter de votre passage de la certification Qualiopi pour avoir un véritable système de management intégré. Une fois que vous l'aurez mis en place, il va vous aider à réussir les différents audits Qualiopi avec aisance, mais aussi d'avoir une approche organisée et structurée. Cela vous permettra donc de vous concentrer davantage sur vos activités de formateur, car la qualité sera déjà au rendez-vous. Il ne vous restera qu'à faire de la veille et à mettre à jour votre système de management qualité (SMQ) en fonction de la législation, l'évolution de votre structure et de vos activités.

Définition du système de management qualité et son objectif

Un système de management qualité est un ensemble de processus et de procédures utilisées par une entreprise ou une organisation pour garantir que ses produits ou services répondent aux normes de qualité requises et aux attentes des clients. Il est considéré comme l'ensemble des activités relatives au contrôle, au suivi et à la gestion de la qualité d'une organisation. Il peut être mis en place par tout type de structure, c'est pourquoi, les formateurs indépendants qui peuvent commencer seuls sont concernés par le SMQ.

Les objectifs principaux du SMQ sont très précis :

- garantir la conformité aux normes de qualité ;
- accroître l'efficacité et l'efficience de votre structure ;
- garantir la satisfaction client.

Il est à noter que le SMQ est très fréquemment corrélé à la certification ISO 9001. Les structures mettent en place le SMQ pour répondre aux exigences de cette norme internationale reconnue pour la gestion de la qualité. De plus en plus d'organismes de formation reprennent cette démarche dans la mise en place de Qualiopi. Aussi, beaucoup d'auditeurs Qualiopi sont aussi auditeurs ISO 9001 et intègrent la démarche SMQ dans leur audit. C'est pourquoi, il est un véritable atout d'échanger autour du SMQ avec votre auditeur Qualiopi, cela le confortera dans l'idée que vous êtes très impliqué dans le suivi de la qualité de vos formations.

La différence entre un SMQ et un SMQI

Un système de management qualité et un système de management qualité intégré ont des objectifs similaires, mais diffèrent par leur champ d'application. Un SMQ est un système qui permet à une organisation de planifier, d'organiser, de mettre en œuvre et de contrôler des activités visant à répondre aux exigences de qualité spécifiques d'un produit ou d'un service. Le SMQ est axé sur la qualité et permet de garantir que les produits ou les services fournis par l'organisation répondent aux exigences de qualité.

Un SMQI, quant à lui, est un système de management qui intègre plusieurs systèmes de management dans une organisation, tels que le Système de Management Environnemental (SME), le Système de Management de la Santé et de la Sécurité au travail (SMS) et le SMQ. Le SMQI permet de gérer de manière cohérente et d'intégrer l'ensemble des processus de l'organisation en lien avec la qualité, l'environnement, la santé et la sécurité au travail. Il permet de rationaliser les processus de l'organisation, de réduire les coûts et de minimiser les risques.

En résumé, la principale différence entre un SMQ et un SMQi est que le second englobe plusieurs systèmes de management dans une organisation, tandis que le premier se concentre exclusivement sur le système de management de la qualité.

Intérêt du SMQ pour un organisme de formation et Qualiopi

Pour l'organisme de formation, mettre en place un SMQ est un avantage concurrentiel de taille. Comme nous l'avons évoqué précédemment, le secteur de la formation est très compétitif. Selon la DARES (Direction de l'animation de la recherche, des études et des statistiques), en 2017, il y avait déjà environ 68 000 organismes de formation. Et le marché est en pleine expansion, d'autant plus que les formations en distanciel ont énormément augmenté depuis la crise du Covid-19. Aujourd'hui, nous comptons environ 90 000 organismes, un chiffre en constante évolution.

L'organisme de formation qui sait tirer son épingle du jeu en mettant en place un SMQ pour améliorer la qualité de ses services pourra aisément traiter les points à améliorer pour renforcer la satisfaction de ses clients. En s'assurant qu'il est conforme aux normes de qualité internationales, il sera à un niveau au-dessus de ses concurrents, et cela peut être bénéfique pour la réputation de l'organisme de formation. En effet, un organisme réputé pour être structuré et gage de qualité sera enclin à attirer de nouveaux clients et à garantir une plus grande efficacité dans la mise en place de formations.

Grâce au SMQ, vous pourrez plus facilement capitaliser sur vos forces et vous concentrer sur vos axes d'amélioration, car la structure sera déjà en place, et il ne vous restera plus qu'à réfléchir aux nouvelles solutions tout au long de votre activité. Il est donc essentiel d'avoir un SMQ pour les organismes de formation professionnelles qui veulent obtenir la certification Qualiopi car ce système permet de répondre aux exigences de la norme et de garantir la qualité des services.

Un système de management qualité est particulièrement intéressant pour un organisme de formation pour plusieurs raisons :

- une amélioration de la qualité des prestations : la mise en place d'un SMQ va être essentielle pour définir et mettre en œuvre des processus qualité rigoureux afin d'améliorer la qualité des prestations proposées ;
- une amélioration des processus : en améliorant les processus internes et en favorisant la communication et la collaboration entre les différents services de l'entreprise, un SMQ peut contribuer à accroître l'efficacité de l'entreprise ;
- une satisfaction des clients : il va vous aider à mieux répondre aux attentes des clients en termes de qualité des formations proposées, de suivi et d'accompagnement. La satisfaction des clients sera ainsi améliorée. Il s'agit d'un levier très intéressant pour fidéliser les clients et en attirer des nouveaux ;
- une conformité aux exigences légales et réglementaires : les organismes de formation doivent respecter des normes et des exigences légales et réglementaires pour exercer leur activité (déclaration d'activité, bilan pédagogique et financier, charte graphique Qualiopi...). La mise en place d'un SMQ permet de garantir la conformité de l'organisme aux exigences en vigueur. Être conforme aux normes peut faciliter l'accès à de nouveaux marchés et renforcer la crédibilité de l'entreprise ;
- une meilleure gestion des ressources : il permet de mieux gérer les ressources de l'organisme, notamment en termes de gestion des formateurs, des équipements, des locaux et des fournitures. Cela permet de réduire les coûts et d'optimiser les processus ;
- une gestion des risques : un SMQ peut aider à identifier les risques associés aux processus de l'entreprise et à mettre en place des mesures pour les réduire ou les éliminer ;
- une amélioration continue : la mise en place d'un SMQ permet d'identifier les axes d'amélioration et de mettre en place des actions

pour améliorer en permanence la qualité des prestations proposées par l'organisme de formation.

Donc, un SMQ permet à un organisme de formation de garantir la qualité de ses prestations, de répondre aux attentes de ses clients, de respecter les normes et exigences légales et réglementaires, de mieux gérer ses ressources et de s'améliorer en permanence. C'est pourquoi la certification Qualiopi exige la mise en place d'un suivi de la qualité des processus pour les organismes de formation. En résumé, un SMQ peut aider une entreprise à améliorer la qualité de ses produits ou services, réduire les coûts, se conformer aux normes de qualité, accroître son efficacité et mieux gérer les risques.

Il est donc très important de mettre en place une démarche SMQ afin de pouvoir démontrer lors de l'audit initial Qualiopi et les audits de surveillance que votre réflexion sur la qualité est basée sur un système pensé spécifiquement pour votre structure. Il vous sera demandé d'être dans une logique d'amélioration continue des formations dispensées et de vérifier la satisfaction de vos clients et de vos prescripteurs. Avec la maîtrise du SMQ, vous pourrez démontrer à l'auditeur que vous êtes dans cette démarche globale, ce qui va le conforter pour vous remettre ou maintenir votre certification Qualiopi.

Mise en place d'un SMQ dans un organisme de formation ou pour un formateur indépendant

Pour mettre en place un SMQ, l'organisme de formation devra établir des objectifs de qualité et mettre en place des procédures pour garantir la conformité aux normes de qualité. L'organisme devra aussi s'assurer que l'ensemble des collaborateurs est formé à la qualité et à la gestion des processus, mesurer et évaluer les résultats pour améliorer continuellement le système. Si vous êtes une petite structure, se former n'est pas obligatoirement coûteux. Vous pouvez faire des formations prises en charge par les

OPCO (Opérateurs de Compétences) ou faire des formations non-payantes en ligne (pour commencer *via* des événements LinkedIn d'experts, par exemple).

Aussi, pour obtenir la certification Qualopi, votre SMQ doit être ciblé sur vos formations, vous devrez donc prendre en compte tous les aspects des formations que vous mettez en place et vérifier tous ces éléments.

Pour vos formations, vous devrez contrôler l'ensemble de votre ingénierie de formation :

- la conception pédagogique : l'adéquation entre la formation et les besoins des formés, la forme et le fond du contenu pédagogique, la durée de la formation, les prérequis, les attentes et l'évaluation initiale des participants ;
- la mise en œuvre : les moyens matériels et humains mis en place, le lieu, le nombre de participants ;
- l'évaluation : celle de vous-même en tant que formateurs, de vos clients et de vos prescripteurs, l'évaluation des résultats ;
- le suivi des actions de formation : la satisfaction client à travers une enquête de satisfaction, des points réguliers avec vos prescripteurs et votre équipe, une veille active et une logique d'amélioration continue.

Le SMQ doit aussi inclure des procédures afin de structurer votre organisation avec des outils dédiés :

- des processus de gestion des ressources : humaines, financières et matérielles ;
- la planification des formations : définition des formations prioritaires à mettre en place, organisation des sessions et des lieux de formation ;
- la gestion des données : les données personnelles des formés dans le respect de la loi RGPD (Règlement Général sur la Protection des Données), mais aussi les données statistiques qui vous aideront à mieux cibler vos clients ;

- la gestion des documents : espaces partagés, réunions d'équipes pour se synchroniser ;
- la gestion des réclamations et des retours clients : mise en place d'un fichier de suivi des aléas et des réclamations qui priorise le risque et la fréquence des retours.

Si vous mettez en place ces éléments, vous avez fait une grande part du travail dans le cadre du passage de la certification Qualiopi. Nous vous recommandons de prendre le temps de rédiger un document qui sera votre « système de management qualité », propre à votre organisme de formation en vous inspirant de la structure suivante :

- Introduction : présentation de l'organisme de formation et de ses objectifs qualité ;
- Évaluation des besoins : analyse de l'existant pour identifier les processus clés, les forces et les faiblesses de l'organisme, ainsi que les risques et les opportunités d'amélioration ;
- Politique qualité : définition de la politique qualité de l'organisme, c'est-à-dire les objectifs de qualité à atteindre et les principes de base qui guideront l'ensemble des actions de l'organisme en matière de qualité ;
- Planification du SMQ : définir les processus, les procédures et les documents nécessaires pour mettre en œuvre le SMQ, ainsi que les ressources nécessaires pour le faire fonctionner ;
- Gestion des ressources : gestion des ressources humaines, des infrastructures, des équipements et des fournitures nécessaires à la mise en œuvre des formations ;
- Conception et mise en œuvre des formations : processus de conception et de mise en œuvre des formations, y compris la planification, le suivi et l'évaluation des formations ;
- Évaluation des formateurs et des prestataires : processus d'évaluation et de sélection des formateurs et des prestataires externes ;
- Gestion des données et des documents : processus de gestion des données et des documents relatifs aux formations et à la qualité ;

- Satisfaction des clients : processus de mesure et d'évaluation de la satisfaction des clients, ainsi que de gestion des réclamations et des retours clients ;
- Amélioration continue : identification des opportunités d'amélioration et de mise en place d'actions pour améliorer en permanence la qualité des services de l'organisme.

Efficacité du SMQ pour le maintien de la certification Qualiopi

Un SMQ qui est bien cadré et suivi dans une logique d'amélioration continue va fortement contribuer à maintenir votre certification Qualiopi. En effet, la norme Qualiopi exige que les organismes de formation maintiennent tout au long de leur activité un système de gestion de la qualité efficace. Il n'est pas obligatoire d'avoir un SMQ à proprement dit, mais les exigences de Qualiopi font qu'en appliquant les exigences de la norme, vous aurez un SMQ. C'est pourquoi, en prendre conscience et le savoir lors de l'audit est très intéressant pour la relation de confiance que vous devez avoir avec l'auditeur. Donc oui, un SMQ bien mis en place permet de répondre aux exigences de Qualiopi et de garantir la conformité aux normes de qualité pour vous préparer aux audits de surveillance.

En tant qu'indépendant ou dirigeant d'organisme de formation, vous pourrez faire appel à des consultants spécialisés si besoin, mais cela peut vite devenir onéreux. C'est pourquoi, en vous basant sur une véritable politique qualité avec les 10 points que nous avons mentionnés lors de la partie précédente, vous pourrez faire preuve de discipline et vous auto-suffire pour le lancement de votre activité. Ensuite, lorsque vous aurez fait décoller votre organisme de formation, vous pourrez réfléchir à vous entourer davantage pour améliorer votre politique qualité. Au démarrage, il faut savoir maîtriser ses coûts, et dans cette logique, créer votre propre système de management qualité est très recommandé.

Nous avons rencontré un expert de la qualité, qui est spécialisé dans le secteur de la formation. Il a mis en place des systèmes de management qualité dans de nombreuses organisations.

AVIS D'EXPERT

Pierre Modeste, *Responsable Qualité, Indépendant*

UNE REFONTE DES PROCESSUS À TRAVERS LE SYSTÈME DE MANAGEMENT QUALITÉ

Pierre Modeste intervient depuis de nombreuses années au sein de nombreux organismes de formation pour la mise en place de systèmes de management qualité. Il y a quelques années, il intervenait exclusivement pour des acteurs historiques de la formation (AFPA...). Avec l'arrivée de Qualiopi, il a vu de nouveaux acteurs émergents qui souhaitent avoir le système de management qualité le plus adapté à leur organisation. Cet expert de la qualité nous éclaire sur les enjeux et la mise en place d'un SMQ.

+ LE SMQ PERMET LA MISE EN PLACE D'UNE RÉELLE REFONTE DES PROCESSUS D'UNE ENTREPRISE.

Réfléchir à mettre en place des prestations de qualité pour avoir des clients satisfaits, comprendre comment fonctionnent les partenaires afin de créer de véritables relations privilégiées, retenir les salariés avec des plans de formations qualitatifs... Tous ces éléments contribuent à la réussite de l'entreprise. Le SMQ est un facteur clé de succès, et lorsqu'il est bien pensé, il permet de faire une véritable refonte des processus existants pour améliorer le business model.

+ UN SMQ OPTIMISE LE MODÈLE ORGANISATIONNEL ET FAVORISE L'ENGAGEMENT DES ÉQUIPES.

Une meilleure organisation *via* des processus identifiés par tous permet de communiquer à ses équipes de manière concrète et efficiente. En effet, le fait que chacun puisse se documenter et avoir des références communes, crée une véritable stabilité qui est essentielle à moyen et à long termes.

+ POUR LES INDÉPENDANTS ET LES PETITES ORGANISATIONS QUI DÉBUTENT LEUR ACTIVITÉ, IL EST ESSENTIEL DE DÉMARRER AVEC UN SMQ.

C'est une très belle opportunité de pouvoir créer son SMQ directement au lancement de son organisme de formation. Beaucoup d'entreprises doivent créer un SMQ en se basant sur les méthodes existantes, et cela est beaucoup plus difficile. Pouvoir créer un SMQ en prenant en compte les habitudes anciennes des salariés aboutit à un véritable processus de conduite du changement. Alors que, à la création d'une organisation, tout est à faire ! Il n'y a aucune habitude ou comportements existants à anticiper.

+ AU LANCEMENT DE L'ACTIVITÉ, LE SMQ DOIT ÊTRE SIMPLE ET ADAPTABLE AUX ÉVOLUTIONS DE L'ORGANISME DE FORMATION.

Il est primordial de ne pas créer un SMQ trop complexe et peu flexible, qui soit difficile à adapter avec la vie de l'entreprise et son développement. Il vaut mieux avoir un objectif de SMQ réaliste, plutôt que créer énormément de documents qui ne seront jamais mis à jour et qui seront rapidement obsolètes.

Le système de management qualité est donc indispensable. Il s'inscrit dans une logique de connaissance de Qualiopi et de ces critères, c'est pourquoi, nous vous proposons de détailler les attendus de chaque critère, afin que vous puissiez vous lancer et maintenir votre certification Qualiopi.

LES 7 CRITÈRES DE LA CERTIFICATION QUALIOPI

Critère 1 : Les conditions d'information sur les prestations, les délais et les résultats

Le premier critère de la certification Qualiopi a pour objectif d'analyser la capacité de votre organisme de formation à délivrer au public une information claire, exhaustive et facilement accessible sur les prestations que vous proposez. Ce critère et l'ensemble des indicateurs qui le compose permettent de comprendre et d'analyser la manière dont vous communiquez pour vous faire connaître et par quels moyens (site Internet, flyers, usages sur les réseaux sociaux, stratégie d'emailing, etc.).

Si l'auditeur a la responsabilité de définir le déroulé de l'audit Qualiopi et l'ordre d'analyse des différents critères, nous constatons qu'il est d'usage de démarrer systématiquement l'audit par le critère 1. Il permet à l'auditeur de mieux comprendre l'offre de formation proposée et les vecteurs de communication utilisés, des informations cruciales pour le bon déroulé de l'audit. Par conséquent, il est recommandé d'être particulièrement vigilant aux indicateurs qui composent ce critère afin de s'assurer de démarrer l'audit sur une bonne lancée.

Le critère n° 1 se compose de 3 indicateurs que nous vous proposons de détailler :

- Indicateur 1 : le prestataire diffuse une information accessible au public, détaillée et vérifiable sur les prestations proposées : prérequis, objectifs, durée, modalités et délais d'accès, tarifs, contacts, méthodes mobilisées et modalités d'évaluation, accessibilité aux personnes handicapées ;
- Indicateur 2 : le prestataire diffuse des indicateurs de résultats adaptés à la nature des prestations mises en œuvre et des publics accueillis ;
- Indicateur 3 : lorsque le prestataire met en œuvre des prestations conduisant à une certification professionnelle, il informe sur les taux d'obtention des certifications préparées, les possibilités de valider un/ou des blocs de compétences, ainsi que sur les équivalences, passerelles, suites de parcours et les débouchés.

La première question à se poser est la suivante : est-ce que mon organisme de formation est concerné par ces 3 indicateurs ? Une analyse plus fine des intitulés des indicateurs ainsi qu'une lecture approfondie du référentiel qualité indique que l'ensemble des organismes de formations sont concernés par les indicateurs 1 et 2. En revanche, l'indicateur 3 concerne uniquement les organismes qui proposent une ou des formations inscrites au Répertoire National des Certifications Professionnelles (le RNCP est librement accessible depuis le site de France Compétences).

L'indicateur 1

L'indicateur 1 permet précisément d'analyser la manière dont vous communiquez sur votre offre de formation, à la fois sur le fond et sur la forme. Pour répondre positivement à cet indicateur, vous devez disposer d'un programme de formation complet qui intègre l'ensemble des rubriques obligatoires mentionnées dans le référentiel national de qualité :

- objectifs pédagogiques : il s'agit de l'ensemble des compétences à acquérir ou à mettre en œuvre en termes de savoir, savoir-faire ou savoir-être. Les objectifs doivent être opérationnels et évaluables. Par exemple, l'objectif «être capable de conduire» ne répond pas aux exigences Qualiopi, il est trop généraliste, subjectif et donc non opérationnel et évaluable. En revanche, «être capable de se garer en épi avec un deux-roues motorisés» est un objectif précis et évaluable ;
- public concerné : la formation s'adresse-t-elle à un public restreint (recruteur, vendeur en grande surface…) ou à tous les publics ?
- prérequis : il s'agit d'indiquer le niveau requis, l'expérience ou les compétences nécessaires pour suivre la formation. Il est possible que la formation proposée soit accessible à tous sans aucun prérequis, dans ce cas, il est obligatoire de le mentionner dans le programme de formation ;
- durée de la formation : précisez la durée en heure de la formation ;
- modalités d'organisation : renseignez les dates et les horaires de la formation, le nombre de participants par session ainsi que le lieu de la formation. Pour ce dernier point, soyez rigoureux ! La formation peut se dérouler dans vos locaux, sur le site d'un de vos clients ou encore à distance, mais il est impératif d'indiquer une adresse précise ;
- contenu de la formation : il s'agit de présenter dans le détail les modules qui composent votre formation, en précisant pour chaque module un descriptif et une durée ;

- moyens et méthodes pédagogiques : précisez les outils et les méthodes d'animation qui sont mis en place pour favoriser l'apprentissage et l'atteinte des objectifs pédagogiques. On peut citer, par exemple, des méthodes d'animation participative, des exercices de réappropriation proposés à la fin de chaque module, des études de cas, etc. Les méthodes pédagogiques sont nombreuses, il convient de préciser une information exhaustive et cohérente afin d'assurer l'atteinte des objectifs pédagogiques ;
- modalités d'évaluation : le programme de formation doit indiquer la manière dont le formateur évalue l'acquisition et/ou l'amélioration des compétences. Tout comme les moyens pédagogiques, les modalités d'évaluation peuvent être nombreuses. On peut citer des tests d'évaluation écrit ou oral, des mises en situation, etc.
- moyens techniques : il s'agit des outils à disposition des participants comme des locaux, des ordinateurs, une connexion Internet, etc. Là encore, il faut être précis et adopter une démarche logique compte tenu de l'ensemble des informations renseignées précédemment pour répondre aux objectifs pédagogiques ;
- tarif de la formation : en précisant s'il s'agit d'un montant HT ou TTC ;
- contact : renseignez le nom et les coordonnées de la personne à contacter pour obtenir plus d'informations ;
- accessibilité aux personnes en situation de handicap : il s'agit d'une obligation imposée par Qualiopi. Vous devez obligatoirement indiquer si votre formation est accessible aux personnes en situation de handicap dans votre programme de formation. Si oui, à quel type de handicap et selon quelles modalités. Cette dernière rubrique représente une difficulté importante pour les organismes qui sont peu habitués à ce type de public. Pour vous aider, nous vous préconisons de prendre contact avec des acteurs spécialisés comme l'AGEFIPH (Association de Gestion du Fonds pour l'Insertion Professionnelle des Personnes Handicapées) qui peuvent vous accompagner dans la construction et/ou l'adaptation de votre offre de formation.

L'auditeur a pour mission de passer en revue et d'analyser l'ensemble de vos programmes de formation. Il devra s'assurer que toutes les rubriques présentées ci-dessus sont incluses, que le document est daté, régulièrement mis à jour et facilement accessible au public. Si c'est le cas, l'indicateur 1 est validé et l'auditeur peut passer à l'indicateur suivant.

L'indicateur 2

L'indicateur 2 permet à l'auditeur de vérifier que vous diffusez des informations permettant à tous d'apprécier les résultats obtenus par l'ensemble des participants à vos sessions de formation. Il s'agit donc de concevoir et de communiquer une information chiffrée et pertinente sur le niveau de performance et d'accomplissement de la prestation. Le référentiel national qualité laisse une marge de manœuvre importante aux organismes de formation concernant cet indicateur. S'il impose une démarche de conception, calcul et publication de résultats, il laisse les organismes complétement autonomes sur le type d'indicateur à produire (à l'exception de quelques indicateurs obligatoires pour les CFA) et les méthodes de calcul. Vous trouverez ci-dessous quelques exemples :

- taux de satisfaction des stagiaires ;
- taux et causes des abandons ;
- taux de retour des enquêtes ;
- taux d'interruption en cours de prestation ;
- taux d'insertion dans l'emploi ;
- débouchés professionnels à l'issu de la formation.

L'auditeur doit passer en revue et analyser l'ensemble des indicateurs de résultats de vos prestations. Il devra vérifier la manière dont ces indicateurs sont calculés, mis à jour et publiés. Gardez à l'esprit que vous n'êtes pas audité sur le résultat des indicateurs que vous affichez. Si vous présentez un taux de satisfaction de 5 %, l'auditeur ne prendra pas en compte cette information dans la validité ou non du critère. Cependant, Qualiopi impose la mise en place d'une démarche d'amélioration continue et de traitement des difficultés. Par conséquent, ce chiffre devra faire l'objet d'une analyse et d'un plan d'actions qui seront inspectés par l'auditeur dans un prochain indicateur.

L'indicateur 3

Enfin, l'indicateur 3 n'est ni plus ni moins qu'une extension des indicateurs précédents appliquée aux organismes délivrant des formations certifiantes. Si c'est votre cas, il est nécessaire de compléter les documents évoqués dans les indicateurs 1 et 2 avec les informations suivantes :

- taux d'obtention de la certification préparée ;
- validation de blocs de compétences : la notion de bloc de compétences est définie par l'article L. 6113-1 du Code du Travail : « les certifications professionnelles sont constituées de blocs de compétences, ensembles homogènes et cohérents de compétences contribuant à l'exercice autonome d'une activité professionnelle et pouvant être évaluées et validées ». Les organismes de formation délivrant des certifications professionnelles ont l'obligation de communiquer sur la possibilité de valider une partie ou la totalité des blocs de compétences qui constituent la certification. Par exemple, le titre d'assistant de direction inscrit au répertoire national des compétences professionnelles est composé de 3 blocs de compétences :
    - bloc 1 : Assurer la direction au quotidien et faciliter la prise de décision ;
    - bloc 2 : Gérer le traitement, l'organisation et le partage de l'information ;
    - bloc 3 : Assister la direction dans la gestion de projets et dossiers spécifiques. Par conséquent, les organismes qui délivrent ce titre ont pour obligation de faire figurer dans leur documentation s'il existe une possibilité de valider partiellement ou totalement ces 3 blocs de compétences grâce à la formation proposée ;
- équivalences et passerelles : il s'agit d'indiquer les équivalences de la certification proposée ainsi que les passerelles vers d'autres certifications.

Pour répondre positivement à cet indicateur, il convient donc de regrouper l'ensemble des informations dans une documentation datée, régulièrement mise à jour et facilement consultable par les personnes intéressées.

Avec ces quelques pages, vous disposez de l'ensemble des informations nécessaires pour préparer efficacement le critère 1 du référentiel national qualité. Il est important de rappeler que ces éléments ont pour vocation de vous guider et de vous inspirer. Il est nécessaire de les challenger en fonction de vos spécificités (taille de l'organisme de formation, organisation en place, périmètre d'intervention, etc.).

Autre point important, l'objectif final de ce critère n'est pas de vous pousser à préparer de la documentation uniquement avant l'audit, mais plutôt de mettre en place une démarche et des procédures permettant de formaliser et de communiquer régulièrement sur votre offre de formation. Bien plus que des documents à présenter, l'auditeur sera attentif aux rôles et responsabilités mis en place au sein de votre organisme de formation afin de disposer à tout moment d'une information à jour.

Critère 2 : L'identification des objectifs des prestations et l'adaptation de ces prestations aux publics

Le référentiel national qualité a été construit dans un ordre spécifique qui permet d'aborder l'ensemble des étapes clés de la vie d'un organisme de formation. Le critère 1 se positionne le plus en amont et se concentre sur la manière dont un organisme de formation communique et tente de se faire connaître. Le critère 2 se concentre sur la rencontre entre l'organisme de formation et ses clients potentiels et plus précisément sur l'identification précise des objectifs des prestations proposées et l'adaptation de ces prestations aux publics bénéficiaires lors de la conception des prestations. Décomposé en 5 indicateurs, il analyse la cohérence entre l'offre de formation et le besoin des clients :

- Indicateur 4 : le prestataire analyse le besoin du bénéficiaire en lien avec l'entreprise et/ou le financeur concerné(s) ;

- Indicateur 5 : le prestataire définit les objectifs opérationnels et évaluables de la prestation ;
- Indicateur 6 : le prestataire établit les contenus et les modalités de mise en œuvre de la prestation, adaptés aux objectifs définis et aux publics bénéficiaires ;
- Indicateur 7 : lorsque le prestataire met en œuvre des prestations conduisant à une certification professionnelle, il s'assure de l'adéquation du ou des contenus de la prestation aux exigences de la certification visée ;
- Indicateur 8 : le prestataire détermine les procédures de positionnement et d'évaluation des acquis à l'entrée de la prestation.

Les indicateurs 4, 5, 6 et 8 concernent l'ensemble des organismes de formation. L'indicateur 7 concerne uniquement les organismes de formation qui proposent et délivrent des certifications professionnelles.

L'indicateur 4

L'indicateur 4 concerne la capacité de l'organisme de formation à prendre en compte les besoins du bénéficiaire et/ou de l'entreprise qui finance la formation. Cette information est importante et fait l'objet de nombreux oublis. En tant qu'organisme de formation, vous avez la possibilité de commercialiser une formation directement auprès du bénéficiaire et sans aucun intermédiaire. C'est le cas, par exemple, des formations commercialisées *via* la plateforme du CPF. Dans ce cas, l'indicateur 4 vérifie la prise en compte par l'organisme des besoins des bénéficiaires. Vous avez également la possibilité de commercialiser une formation en passant par un intermédiaire telle qu'une entreprise qui fait appel à vous afin de former son équipe de recrutement. Dans ce second cas, l'indicateur 4 vérifie la prise en compte des besoins des bénéficiaires (l'équipe de recrutement) mais également des besoins du financeur de la formation (l'entreprise). Trop souvent, les organismes de formation se focalisent exclusivement sur le premier cas, et ne répondent pas totalement à l'indicateur 4.

Ainsi, avant toute commercialisation d'une formation, il est nécessaire de prendre le temps d'échanger avec les bénéficiaires et les financeurs pour bien comprendre leurs besoins respectifs. Cette démarche peut se faire sous différentes modalités, mais elle prend fréquemment la forme d'un échange guidée par certaines questions, par exemple :

- Quelle est la dernière formation que vous avez suivie ?
- Quel est le dernier poste que vous avez occupé ? Pendant combien de temps avez-vous occupé ce poste ?
- Quel est le budget que vous souhaitez allouer à cette formation ?
- Comment évalueriez-vous votre niveau de maîtrise sur les compétences ciblées par la formation ?

Cet échange obligatoire doit être restitué dans un document qui servira d'éléments de preuve lors de l'audit Qualiopi.

Dernière information importante pour cet indicateur : une démarche de récolte des besoins n'est pas suffisante, elle doit être complétée par une démarche d'analyse et de prise en compte de l'ensemble des informations reçues. Prenons un exemple concret : l'entreprise SHAKER SERVICES fait appel à votre organisme pour délivrer une formation « Anglais professionnel avancé » auprès d'un de ses salariés. Vous avez l'habitude d'animer cette formation dans vos locaux. Vous réalisez un échange préalable avec l'entreprise SHAKER SERVICES, financeur de la formation. Lors de l'échange l'entreprise vous indique le besoin de réaliser la formation dans ses locaux pour éviter au salarié des déplacements inutiles. Vous réalisez également un échange préalable avec le salarié et vous comprenez que son niveau en anglais ne lui permet pas de suivre la formation « anglais professionnel avancé », vous décidez donc de l'orienter vers la formation « anglais professionnel débutant » avec l'accord de l'entreprise. Cet exemple illustre la collecte mais aussi la prise en compte des besoins du bénéficiaire et du financeur au sens de l'indicateur 4 du RNQ.

L'indicateur 5

L'indicateur 5 se concentre sur la notion d'objectif de la prestation proposée. Il s'assure que les objectifs sont opérationnels, évaluables, qu'ils ont été correctement définis et partagés avec le bénéficiaire et le financeur. Pour mieux comprendre les exigences de cet indicateur, il est possible de distinguer 2 types d'objectifs :

- les objectifs généraux de la formation : orientés vers le contenu de la formation ;
- les objectifs opérationnels de la formation : orientés vers le bénéficiaire, ils décrivent ce qu'il sera en mesure de réaliser à la fin de la session de formation. Les objectifs opérationnels sont fréquemment formalisés de la manière suivante : à la fin de son parcours de formation, le bénéficiaire sera capable de… (verbe d'action + comportement observable). De cette manière, vous vous assurez de répondre correctement aux exigences de l'indicateur 5 car l'objectif est bien opérationnel, mais aussi évaluable car il se traduit directement par un comportement observable de la part du bénéficiaire.

Point de vigilance important, les indicateurs du référentiel national qualité ne sont pas indépendants, ils doivent tous s'inscrire dans un ensemble global et cohérent. Par conséquent, la démarche de récolte d'informations de l'indicateur 4 doit permettre de définir les objectifs opérationnels et évaluables au sens de l'indicateur 5. Garder toujours cette cohérence à l'esprit pour ne pas vous retrouver avec des éléments décorrélés et une démarche déconstruite qui sera rapidement identifiée par un auditeur Qualiopi.

L'indicateur 6

Toujours dans une logique de cohérence, l'indicateur 6 s'assure que les objectifs identifiés, analysés, formalisés et communiqués auxquels font référence les indicateurs 4 et 5, sont traduits correctement dans le contenu et les modalités de mise en œuvre de la formation. L'organisme de formation et les formateurs qui interviennent disposent d'une liberté totale sur la préparation du contenu et les modalités pratiques. En tant qu'expert de la formation, c'est à vous de définir les modalités les plus adaptées et les plus pertinentes compte tenu des besoins exprimés. Vous trouverez ci-dessous quelques exemples de leviers à activer pour adapter les modalités d'une formation :

- découper la formation en séquences : on peut définir une séquence de formation comme un ensemble continu organisé autour d'une ou de plusieurs activités articulées dans le temps en vue d'atteindre un ou plusieurs objectifs. Vous pouvez découper librement votre formation et adapter le nom des séquences, la durée, le contenu, etc., de manière à prendre en compte les besoins des bénéficiaires et des financeurs ;
- préparer des outils pour évaluer les acquis et le niveau de maîtrise des compétences : vous avez la possibilité de préparer des quizz, des évaluations écrites ou orales pour évaluer le niveau de maîtrise du bénéficiaire sur différentes compétences. Vous pouvez mettre en place des procédures d'analyse des résultats issus de ces outils d'évaluation afin d'adapter le contenu pédagogique de vos formations ;
- mobiliser des modalités pédagogiques variées : formation en présentiel, en ligne, intégration au sein de groupe de travail, système de mentorat ou de tutorat intégré aux parcours de formation et bien d'autres idées à mettre en œuvre...

Afin de démontrer à l'auditeur que vous respectez l'indicateur 6 du référentiel national qualité, des exemples concrets vous seront particulièrement utiles. Illustrez votre démarche en vous basant sur la situation d'un bénéficiaire et démontrez comment vous avez identifié et pris en compte concrètement ses besoins. Prenons encore le cas de l'entreprise SHAKER SERVICES qui fait appel à votre organisme pour délivrer une formation anglais professionnel à un membre de son équipe recrutement. Une analyse du besoin du bénéficiaire vous permet de comprendre qu'il sera nécessaire de dédier plus de temps au module communication orale plutôt qu'au module communication écrit, et que par conséquent une modification du déroulé et des modalités pédagogiques sont à prévoir. C'est ce type d'exemple et de situation qu'il vous sera utile de préparer et de présenter à l'auditeur.

L'indicateur 7

L'indicateur 7 est applicable uniquement aux organismes délivrant des formations certifiantes. Il a pour but de vérifier l'adéquation entre le contenu de la formation et les exigences de la certification délivrée. Cet indicateur a pour spécificité d'être très précis concernant l'analyse de cette exigence de mise en adéquation. Il impose aux organismes la construction d'un tableau permettant de faire le parallèle entre le référentiel de compétences de la certification et les modalités pratiques de la formation. Reprenons l'exemple du titre professionnel d'assistant de direction. Le Référentiel National des Certifications Professionnelles liste un certain nombre de compétences nécessaires à acquérir afin d'obtenir le titre. On peut citer les compétences suivantes :

- organiser et coordonner les activités quotidiennes de l'équipe de direction ;
- concevoir des outils de pilotage et présenter des informations chiffrées de gestion ;
- optimiser les processus administratifs.

Pour chaque compétence, l'organisme de formation doit indiquer comment le contenu de la formation permet aux bénéficiaires de la développer. C'est ce tableau qui fera l'objet d'une analyse de la part de l'auditeur afin de s'assurer qu'il est exhaustif, régulièrement mis à jour et que l'organisme propose des modalités de formation adaptées pour chacune des compétences du référentiel.

L'indicateur 8

L'indicateur 8 est le dernier indicateur du critère 2. Il constitue la dernière brique qui permet d'analyser la manière dont votre organisme de formation récolte, analyse et prend en compte les besoins des bénéficiaires et des financeurs. Il se concentre sur la mise en place de procédures de positionnement et d'évaluation des acquis en entrée de formation.

Les procédures de positionnement constituent un point de départ pour la montée en compétences des bénéficiaires de la formation. C'est grâce à elles qu'il sera possible d'apprécier et d'évaluer la montée en compétences des bénéficiaires à l'issue de la formation. De manière générale, ce sont des questionnaires qui sont mis à disposition. Ils permettent d'évaluer les connaissances préalables et donc de s'assurer que le bénéficiaire peut participer à la formation.

Il s'agit d'informations importantes car en plus de déterminer la possibilité pour une personne d'intégrer la formation (si elle valide les prérequis), elles permettent d'identifier avec précision le niveau de maîtrise des participants sur différentes compétences. Elles permettent par conséquent de créer des groupes de participants homogènes compte tenu de leur niveau et d'adapter le contenu de la formation en conséquence.

Bien que le critère 2 puisse sembler complexe, il se concentre principalement sur la relation entre l'organisme et les bénéficiaires potentielles de la formation. Les indicateurs présentés précédemment viennent formaliser et donner un cadre à des échanges qui peuvent se faire de manière informelle. Le référentiel national qualité s'assure que ces échanges sont formalisés, exploités et communiqués.

Critère 3 : L'adaptation aux publics des prestations et des modalités d'accueil, d'accompagnement, de suivi et d'évaluation

Les deux premiers critères du référentiel national qualité se concentrent sur l'analyse des processus et des modes de travail en amont des sessions de formation. En les validant, vous démontez que :

- vous communiquez sur une offre de formation de manière claire et exhaustive ;
- vous échangez avec chaque bénéficiaire potentiel pour comprendre ses besoins, ses attentes, son niveau de compétences… et vous prenez en compte ces informations dans la phase de conception de vos prestations ;

Le critère 3 va plus loin dans la suite du processus car il vise à analyser la mise en place de prestations et les modalités d'accueil, d'accompagnement, de suivi et d'évaluation des bénéficiaires. Autrement dit, vous vous placez dans le cas où vous avez obtenu l'accord du bénéficiaire et que celui-ci est inscrit à une de vos sessions de formation. Le bénéficiaire a signé une convention de formation et il est prêt à la commencer.

C'est le critère le plus imposant car il est composé au total de 8 indicateurs qui sont présentés ci-dessous :

- Indicateur 9 : le prestataire informe les publics bénéficiaires des conditions de déroulement de la prestation ;
- Indicateur 10 : le prestataire met en œuvre et adapte la prestation, l'accompagnement et le suivi aux publics bénéficiaires ;
- Indicateur 11 : le prestataire évalue l'atteinte par les publics bénéficiaires des objectifs de la prestation ;
- Indicateur 12 : le prestataire décrit et met en œuvre les mesures pour favoriser l'engagement des bénéficiaires et prévenir les ruptures de parcours ;
- Indicateur 13 : pour les formations en alternance, le prestataire, en lien avec l'entreprise, anticipe avec l'apprenant les missions confiées, à court, moyen et long termes, et assure la coordination et la progression des apprentissages réalisés en centre de formation et en entreprise ;
- Indicateur 14 : le prestataire met en œuvre un accompagnement socioprofessionnel, éducatif et relatif à l'exercice de la citoyenneté ;
- Indicateur 15 : le prestataire informe les apprentis de leurs droits et devoirs en tant qu'apprentis et salariés ainsi que des règles applicables en matière de santé et de sécurité en milieu professionnel ;
- Indicateur 16 : lorsque le prestataire met en œuvre des formations conduisant à une certification professionnelle, il s'assure que les conditions de présentation des bénéficiaires à la certification respectent les exigences formelles de l'autorité de certification.

Les indicateurs 9, 10, 11 et 12 concernent l'ensemble des organismes de formation. Les indicateurs 13, 14 et 15 peuvent être qualifiés de particuliers car ils concernent les organismes qui proposent des formations en alternance et/ou en apprentissage. Compte tenu de la spécificité de ces activités, et dans une envie de faire de cet ouvrage un guide pratique à destination des personnes débutantes souhaitant se lancer dans le domaine de la formation, nous avons fait le choix de ne pas aborder ces indicateurs. Pour plus d'information, nous vous invitons à consulter le référentiel national qualité de la certification Qualiopi et le site du Ministère du travail. Enfin, l'indicateur 16 s'adresse exclusivement aux organismes de formation qui délivrent des formations certifiantes.

L'indicateur 9

L'indicateur 9 analyse la capacité de l'organisme de formation à communiquer auprès des bénéficiaires sur les conditions de déroulement de la prestation. L'indicateur insiste sur un point important : ces informations doivent être accessibles à tout moment par les bénéficiaires. Répondre positivement à ce critère, c'est disposer de documents reprenant l'ensemble des informations sur le déroulé des formations. On peut citer, à titre d'exemple, les documents suivants :

- conditions générales de vente : également appelé « CGV », ce document permet d'informer un client sur les conditions de vente d'une formation. Il doit être obligatoirement transmis et contenir un certain nombre de mentions obligatoires : conditions de règlement, éléments concernant les retards de paiement, les conditions d'exécution et le droit de rétractation du client. Le ministère de l'économie, des finances et de la souveraineté économique met à disposition sur son site Internet un exemple de CGV ;
- règlement intérieur : ce document a pour objet de préciser les règles générales qui s'appliquent au sein d'un organisme de formation. Il définit la réglementation en matière d'hygiène et de sécurité, les règles relatives à la discipline (notamment les sanctions applicables aux bénéficiaires de formation) ainsi que celles relatives à la sécurité des salariés ;
- convocation : document obligatoire qui doit généralement être envoyé aux participants dans un délai d'un mois avant la session de formation

et qui doit contenir certaines informations : les prérequis, les dates et les horaires de la session de formation, le plan d'accès du lieu de la formation, les conditions de prise en charge des repas, etc.

L'ensemble des documents nécessaires à l'information des participants sur le déroulé de la formation doivent être communiqués et accessibles : envoi par mail, mise à disposition au sein d'un espace numérique documentaire, etc.

À ce stade de la démarche, un point essentiel doit être soulevé. L'indicateur 9 fait référence à de nombreux documents, en plus de ceux déjà identifiés dans les indicateurs précédents. Par conséquent, il devient crucial de veiller à centraliser et mettre à jour l'ensemble de cette documentation. Savoir quel document a été transmis à quel moment et à quel bénéficiaire est une information que vous devez parfaitement maîtriser.

L'indicateur 10

L'indicateur 10 est fortement lié à l'indicateur 6 que nous avons déjà étudié ensemble. Les deux indicateurs abordent un thème similaire mais à des moments différents. L'indicateur 6 se concentre sur une collecte et une analyse des besoins du bénéficiaire afin de prendre en compte ces informations dans la phase de conception des formations. L'indicateur 10 se concentre sur l'adaptation lors de la mise en œuvre des formations. Autrement dit, vous devez maintenant honorer les promesses faites et adapter, dans la pratique, l'accompagnement, la prestation et le suivi.

En matière de déroulé de la prestation, l'auditeur sera attentif à la remontée d'information ou à la réalisation d'ajustements permettant de prendre en compte les besoins des participants. Des exemples concrets sont particulièrement utiles pour répondre favorablement à cet indicateur : adaptation de la durée, du contenu, du rythme pour faire face à un aléa ou à un besoin spécifique de la part d'un ou de plusieurs participants. C'est le cas, par exemple, d'une formation qui modifie ses horaires suite aux retards de nombreux participants. Au lieu de réaliser la formation de 9 h à 12 h comme détaillé dans la convocation, la formation a eu lieu de 9 h 30 à 12 h 30 pour faire face aux retards.

En matière d'accompagnement ou encore de suivi, le formateur dispose d'outils et de méthodes pédagogiques lui permettant une approche personnalisée et adaptée aux besoins des bénéficiaires. La mise en place d'outils d'évaluation intermédiaires, de méthodes participatives invitant les bénéficiaires à s'exprimer en répondant à des questions ou en resituant leur compréhension d'un sujet, sont autant de leviers permettant la mise en place d'un accompagnement et d'un suivi individualisé.

Sur cet indicateur, des documents peuvent vous appuyer mais ce sont surtout des exemples concrets et des processus de travail ou d'animation de sessions de formation qui seront analysés par l'auditeur afin de s'assurer que vous y répondez convenablement.

L'indicateur 11

L'indicateur 11 qui concerne l'ensemble des organismes de formation permet de vérifier la mise en place de procédures d'évaluation pour valider l'atteinte des objectifs de la prestation. Ces procédures doivent permettre aux bénéficiaires d'estimer si la formation a été efficace et au financeur de savoir s'il a réalisé un bon investissement. Traditionnellement, on distingue les évaluations à chaud et à froid, deux méthodes complémentaires qui permettent d'évaluer une formation dans sa globalité.

L'évaluation à chaud est réalisée immédiatement à la fin de la formation. Elle vise à évaluer principalement la qualité de la prestation réalisée en interrogeant les bénéficiaires sur leurs ressentis, leurs premières impressions. L'évaluation à chaud peut se faire sous la forme d'un questionnaire ou d'un échange à l'oral pour permettre aux formateurs d'évaluer le niveau de montée en compétences et l'atteinte des objectifs de la formation. L'avantage principal réside dans le fait que l'information est encore très fraîche pour le bénéficiaire, cependant, il ne dispose pas encore de beaucoup de recul sur les compétences développées.

L'évaluation à froid permet de faire face à l'inconvénient cité ci-dessus. Elle est réalisée plusieurs jours après la formation. Il n'y a pas de règles strictes, elle peut être réalisée plusieurs semaines voire plusieurs mois après la formation. Elle permet aux bénéficiaires de prendre du recul et laisse le temps de mettre en application les compétences développées. L'évaluation à froid peut aussi prendre la forme d'un test, d'un échange oral qui permettra au formateur d'évaluer la maîtrise des compétences.

Ce sont ces éléments d'évaluation, intégrés dans des processus claires et précis, qui permettront à l'auditeur Qualiopi de valider cet indicateur. Dernier point, l'indicateur 11 aborde uniquement l'aspect de la montée en compétences des bénéficiaires et non pas la satisfaction clients (qui sera abordée dans un autre indicateur).

L'indicateur 12

L'indicateur 12 analyse la capacité d'un organisme de formation à garantir l'assiduité des participants. Pour cela, il se base sur 2 aspects complémentaires : les mesures destinées à prévenir l'absentéisme et celles destinées à favoriser l'engagement dans le parcours de formation.

L'assiduité conditionne l'acquisition des compétences et donc la réussite de la prestation. Par conséquent, des procédures doivent exister. On peut citer, par exemple :

- des procédures de relances par mail ou par téléphone afin de valider les participations aux sessions de formation. Ces relances doivent être formalisées et suivi dans un fichier spécifique qui pourra servir d'élément de preuve le jour de l'audit ;
- la mise en place d'une feuille d'émargement : même si ce document n'est pas obligatoire, il représente une mesure incitative pour favoriser la participation. Il permet également de suivre la présence du bénéficiaire, de prouver la bonne exécution de la prestation et de déclencher des actions en cas d'absence ;
- la remise d'un certificat de réalisation : délivré à l'issu de la formation, il atteste la présence du bénéficiaire tout au long du parcours ainsi que le développement des compétences visées par la formation. Le ministère du travail met à disposition un modèle de certification de réalisation sur son site Internet.

Répondre favorablement à ce critère, c'est disposer de procédures et d'une base documentaire permettant de suivre la réalisation des prestations, de prévenir les absences et/ou de mettre en place des actions en cas d'absences avérées de la part des participants.

L'indicateur 16

Pour finir, l'indicateur 16, dernier indicateur du critère 3, concerne uniquement les organismes de formation délivrant des certifications professionnelles. Il s'assure que les conditions de présentation des bénéficiaires à la certification respectent les exigences formelles de l'autorité de certification. Autrement dit, il est nécessaire de respecter strictement et de manière exhaustive les conditions prévues par le répertoire national des certifications professionnelles. Vous devez porter une attention particulière aux prérequis et aux conditions de présentation à la certification visée et vous assurer que ces informations sont correctement intégrées dans votre prestation.

Critère 4 : L'adéquation des moyens pédagogiques, techniques et d'encadrement

Le critère 4 du référentiel national qualité se positionne encore sur la mise en œuvre des prestations de formation. Il vise à évaluer votre capacité à identifier, mettre en œuvre, mobiliser et gérer des moyens humains et matériels.

Une bonne gestion des moyens humains et matériels est une condition nécessaire pour accueillir et accompagner les participants dans de bonnes conditions. Le critère vient donc s'assurer que l'organisation au sein de votre organisme permet une définition claire des rôles et des responsabilités de chacun.

Ce critère se décompose en 4 indicateurs qui sont présentés ci-dessous :

- Indicateur 17 : le prestataire met à disposition ou s'assure de la mise à disposition des moyens humains et techniques adaptés et d'un environnement approprié (conditions, locaux, équipements, plateaux techniques…) ;
- Indicateur 18 : le prestataire mobilise et coordonne les différents intervenants internes et/ou externes (pédagogiques, administratifs, logistiques, commerciaux…) ;
- Indicateur 19 : le prestataire met à disposition du bénéficiaire des ressources pédagogiques et permet à celui-ci de se les approprier ;
- Indicateur 20 : le prestataire dispose d'un personnel dédié à l'appui à la mobilité nationale et internationale, d'un référent handicap et d'un conseil de perfectionnement.

Les indicateurs 17, 18 et 19 concernent tous les organismes de formation. L'indicateur 20 concerne exclusivement les centres de formation par apprentissage. Comme pour le critère 3, nous vous proposons de vous donner quelques éléments clés pour mieux comprendre les indicateurs 17, 18 et 19. Compte tenu du public visé par cet ouvrage, nous passerons volontairement sur l'indicateur 20.

L'indicateur 17

L'indicateur 17 analyse la capacité de votre organisme de formation à proposer un environnement et des conditions adaptées afin de favoriser l'apprentissage des participants. Répondre positivement à cet indicateur, c'est disposer d'éléments de preuve sur deux volets : les moyens matériels et les moyens humains.

Par moyens matériels, le référentiel national qualité fait référence aux locaux utilisés pour dispenser les formations ainsi que l'ensemble des fournitures ou accessoires nécessaires au bon déroulé de la formation (papeterie, vidéoprojecteur, connexion Internet, etc.). On distingue généralement deux cas de figure :

- la formation se déroule dans les locaux de l'organisme de formation : dans ce cas, c'est à l'organisme de s'organiser afin de proposer un espace adéquat permettant de recevoir du public en respectant les normes de sécurité et de propreté (dispositif d'alarmes, de sécurité, d'évacuation, isolement des différents espaces permettant de respecter des obligations en matière de confidentialité par exemple). En plus du local, c'est à l'organisme de formation que revient la responsabilité de disposer de l'ensemble des équipements nécessaires à la bonne réalisation de la formation ;

- la formation se déroule dans des locaux qui n'appartiennent pas à l'organisme de formation (locaux mis à disposition par le financeur de l'action de formation par exemple) : dans ce cas, il revient à l'organisme de formation de vérifier que les locaux sont adaptés à la réalisation de la formation. Cela peut prendre la forme d'une liste de vérification à effectuer avec le prescripteur afin de s'assurer que la formation sera réalisée dans de bonnes conditions.

Pour vérifier la conformité de cet indicateur, l'auditeur aura besoin de documents justificatifs. Par conséquent, le travail préparatoire est important. Vous devez vous assurer de disposer de l'ensemble des documents qui attestent la mise à disposition de ces moyens (contrat de location, factures d'acquisition de matériels, liste de vérification en matière de sécurité, etc.).

En plus du travail à réaliser sur les moyens matériels, un travail similaire est à réaliser pour les moyens humains. Il consiste principalement à démontrer que les formateurs disposent des compétences nécessaires pour animer les formations et accompagner les participants. Pour cela, il faudra présenter des pièces justificatives démontrant l'adéquation entre les compétences des formateurs et les formations animées. Les moyens de preuve les plus utilisés sont les CV des formateurs qui sont présentés à l'auditeur en faisant des liens avec les expériences, la formation et les diplômes obtenus par les formateurs.

Si cet indicateur peut paraître relativement simple, assurez-vous de disposer de l'ensemble des documents justificatifs lors de l'audit en particulier en ce qui concerne les moyens matériels.

L'indicateur 18

L'indicateur 18 permet d'aller plus loin dans l'analyse des moyens humains. Si l'indicateur 17 permet de démontrer qu'un organisme de formation dispose des moyens humains nécessaires à l'accueil et à l'animation de sessions de formation, l'indicateur 18 vérifie la coordination de ces moyens. Il analyse la mise en place de procédures de gestion des ressources humaines.

Les processus de gestion RH varient énormément d'une structure à une autre et évoluent en fonction de la taille et de la complexité de l'organisation. Pour répondre positivement à cet indicateur, quelle que soit la taille de votre structure, nous vous préconisons de disposer *a minima* d'un organigramme fonctionnel permettant d'identifier les rôles clés et donc contribuer à leur coordination. Au sein de cet organigramme, il est classique de retrouver les rôles suivants :

- le dirigeant : celui qui organise et dirige l'activité ;
- le responsable du développement commercial : en charge de la stratégie de vente à travers des activités de prospection ou des rendez-vous clients ;
- le responsable communication : il traite de la stratégie de communication en relation étroite avec le responsable du développement commercial ;
- le responsable de l'ingénierie pédagogique : il se consacre à la création et à la mise à disposition des formations adaptées aux bénéficiaires ;
- le responsable de la gestion administrative et comptable : son activité est la gestion documentaire et l'enregistrement des opérations comptables ;
- l'équipe de formateurs : en charge de l'animation des formations.

Ces rôles sont présentés à titre indicatif et il est permis qu'une seule personne endosse l'ensemble de ces rôles (c'est le cas pour un formateur indépendant qui travaille seul, par exemple).

En complément d'un organigramme précis, d'autres documents tels que des fiches de postes, des dossiers individualisés pour chaque membre de l'organisme contenant des comptes rendus d'entretiens annuels peuvent être mobilisés comme éléments de preuve. L'auditeur sera attentif à la répartition des rôles et responsabilités de chacun, mais aussi à la mise en place de réunions de coordination permettant d'échanger de l'information (point de suivi mensuel avec l'ensemble de l'équipe, point de synchronisation hebdomadaire avec l'équipe de formateurs, etc.)

Enfin, dans son intitulé, l'indicateur 18 introduit une nuance importante entre intervenants internes et intervenants externes. C'est la première fois qu'un référentiel de qualité introduit la capacité pour un organisme de formation de travailler avec des prestataires extérieurs. Si c'est votre cas, vous devez démontrer à l'auditeur que vous appliquez également des processus de gestion des ressources humaines avec vos prestataires (identification des rôles et responsabilités, entretien ou réunion de coordination).

L'indicateur 19

L'indicateur 19 se concentre toujours sur la mise en œuvre des sessions de formation. Il analyse une des dernières étapes de la mise en œuvre : l'existence et la mise à disposition de ressources pédagogiques auprès des participants aux formations. Par ressources pédagogiques, on entend tous supports permettant de favoriser l'apprentissage et le développement de nouvelles compétences. On peut citer les ressources pédagogiques suivantes :

- support de formation : il présente les éléments clés abordés lors des sessions de formation ;
- vidéo de formation : elle est souvent utilisé en complément du support de formation, une vidéo peut être employée pour illustrer des cas pratiques ou des mises en situation ;
- outils d'auto-évaluation : il peut s'agir de « quizz », de questionnaires d'évaluation des compétences, etc. Ces outils peuvent être librement mobilisés par les participants ;
- livres ou articles : utilisés par les participants pour approfondir certaines notions ;
- ressources en ligne : des sites Internet, des forums, des blogs qui permettent de s'inscrire dans des communautés de sachants et de développer ses connaissances sur un domaine en particulier.

L'indicateur 19 a la charge de s'assurer que l'organisme dispose de plusieurs ressources pédagogiques qui font l'objet d'une actualisation, mais aussi d'une mise à disposition afin qu'ils soient accessibles à tout moment par les participants. Il y a plusieurs moyens pour mettre à disposition les supports de formation :

- plateforme en ligne : il existe des sites web dédiés au partage de documents en ligne. On peut citer Microsoft Teams, Google Classroom pour les options payantes ou alors des espaces de partage documentaire gratuit comme Google Drive. Les participants peuvent y accéder n'importe où et n'importe quand afin de s'approprier les concepts et développer leurs compétences ;
- mail : il est tout à fait possible de partager les ressources pédagogiques par mail avec l'ensemble des participants, c'est d'ailleurs le moyen de mise à disposition le plus utilisé. Dans ce cas, il faut être vigilant à la protection de vos ressources pédagogiques afin d'éviter que n'importe qui puisse les récupérer et se les approprier. Il est possible d'inclure ce qu'on appelle une clé de sécurité lors de l'envoi par mail d'informations sensibles. Avec cette pratique, seuls les participants de la formation, en possession de cette clé numérique, pourront accéder aux ressources pédagogiques ;
- livret de formation au format papier : cette méthode plus classique reste néanmoins très efficace pour certains participants peu à l'aise avec l'informatique et le numérique. Vous avez la possibilité d'imprimer l'ensemble des supports pédagogiques et de les inclure dans un dossier de formation qui sera remis en main propre aux participants à l'issue de la formation.

Il est important de choisir la méthode qui convient le mieux aux participants de la formation mais aussi aux pratiques de votre organisme. Le jour de l'audit de certification Qualiopi, il sera nécessaire de présenter ces ressources pédagogiques et d'expliquer très concrètement la manière dont elles sont mises à disposition des participants afin de favoriser leur appropriation.

En synthèse, le critère 4 évalue votre capacité à vous doter des moyens nécessaires pour délivrer des prestations. En se basant sur une analyse des moyens humains (comme les compétences des formateurs), des moyens techniques (local, équipement), des processus de partage et d'appropriation des connaissances, l'auditeur s'assure du sérieux de votre organisme.

Critère 5 : La qualification et le développement des connaissances et compétences du personnel

Avec ce critère, le référentiel national qualité cherche à vérifier la capacité de votre organisme de formation à développer et améliorer les compétences de votre équipe de formateur.

Ce critère est la source de nombreuses incompréhensions concernant le périmètre d'application. Il concerne aussi bien les organismes de formation qui emploient plusieurs salariés, que le formateur indépendant, qui travaille en complète autonomie. Dans le premier cas, le critère évalue le développement des compétences de l'ensemble des salariés. Dans le second cas, à la manière d'une auto-évaluation, le formateur indépendant doit démontrer comment il développe ses propres compétences et connaissances. Trop souvent, ce second cas de figure est oublié et certains organismes pensent ne pas être concernés par ce critère.

Le critère se compose de 2 indicateurs :

- Indicateur 21 : le prestataire détermine, mobilise et évalue les compétences des différents intervenants internes et/ou externes, adaptées aux prestations ;
- Indicateur 22 : le prestataire entretient et développe les compétences de ses salariés, adaptées aux prestations qu'il délivre.

Pour ce critère, c'est simple, les 2 indicateurs concernent l'ensemble des organismes de formation.

L'indicateur 21

L'indicateur 21 présente de nombreuses similarités avec l'indicateur 17 qui a déjà été étudié précédemment car ils se concentrent tous les deux sur les moyens humains à disposition. L'indicateur 21 se base sur l'analyse du travail réalisé par l'organisme de formation pour identifier les compétences nécessaires à la mise en œuvre des prestations. Cette analyse doit être complétée par une évaluation de l'ensemble des intervenants afin de s'assurer qu'ils disposent bien de ces compétences.

Dans un premier temps, l'auditeur sera attentif à la mise à disposition de documents permettant d'apprécier les compétences nécessaires pour réaliser la prestation. On peut citer par exemple des fiches de postes qui permettent de formaliser des informations importantes en matière de :

- expériences nécessaires pour réaliser la prestation ;
- niveau de diplômes requis ;
- compétences nécessaires : il est recommandé d'y faire mention de compétences dites généralistes (autonomie, rigueur, organisation, etc.) et de compétences plus spécifiques pour répondre aux exigences des prestations (capacité à s'exprimer à l'oral avec impact, maîtrise de plusieurs méthodes d'animation de groupe, etc.).

Rédiger des fiches de poste pour l'ensemble des intervenants, c'est avant tout s'assurer de définir les compétences nécessaires en amont afin de mettre en œuvre les prestations. Avec ces explications, seulement une partie de l'indicateur 21 est adressée. Pour y répondre dans sa globalité, il est nécessaire de mobiliser et d'évaluer les compétences des intervenants. Les modalités d'évaluation sont nombreuses : observation en direct des prestations, évaluation par les participants, entretiens individuels avec les formateurs, etc. L'évaluation doit être pertinente au regard des compétences visées.

Pour valider le respect de l'indicateur 21, l'auditeur demande régulièrement de présenter des fiches de poste, des CV ainsi que des rapports d'entretien pour l'ensemble des intervenants.

Pour finir, il est important de préciser que cette démarche et ces éléments de preuve s'appliquent aussi bien au personnel interne qu'externe (dans le cas du recours à la sous-traitance, par exemple).

L'indicateur 22

L'indicateur 22 est la suite directe de l'indicateur 21. Grâce à l'indicateur 21, l'organisme de formation démontre qu'il met en place des procédures permettant de suivre et d'évaluer les compétences de l'ensemble des intervenants. L'indicateur 22, quant à lui, analyse la manière dont les résultats de ces évaluations sont pris en compte afin de permettre la montée en compétences de l'ensemble des intervenants.

Cet indicateur fait directement référence à la mise en place d'un plan de développement des compétences définit par le Ministère du travail comme le recensement et la mise en place d'actions de formation par l'employeur à destination de ses salariés (article L6321-2 du code du travail). Pour le formateur indépendant ou pour le responsable d'un organisme avec plusieurs salariés, il est nécessaire de définir pour chacun une liste de formations à suivre. C'est ce document à jour que vous devez présenter à l'auditeur afin de démontrer le respect de l'indicateur 22.

Dernier point de vigilance : le plan de développement des compétences concerne l'ensemble des intervenants et pas seulement les formateurs. Si vous employez un référent administratif, un comptable, un commercial… tous sont concernés et doivent suivre régulièrement des formations adaptées à leurs activités respectives pour développer de nouvelles connaissances et de nouveaux savoirs.

Répondre favorablement à l'ensemble du critère 5 c'est démontrer la mise en place de procédures de ressources humaines applicables à tous les intervenants de votre organisme de formation afin d'identifier, d'évaluer et de développer leurs compétences.

Critère 6 : L'inscription et l'investissement du prestataire dans son environnement professionnel

Le critère 6, avant-dernier critère du référentiel national qualité, vérifie la capacité de votre organisme de formation à s'inscrire dans son environnement. Il vient mettre un terme à des situations d'isolement et de fermeture d'esprit afin de s'assurer que les organismes restent toujours à l'écoute des nouvelles tendances et des nouvelles pratiques. Le critère réalise cette analyse autour de 3 axes qui sont ensuite déclinés en indicateurs : réglementaire, pédagogique et technologique.

Il est composé de 7 indicateurs :

- Indicateur 23 : le prestataire réalise une veille légale et réglementaire sur le champ de la formation professionnelle et en exploite les enseignements ;
- Indicateur 24 : le prestataire réalise une veille sur les évolutions des compétences, des métiers et des emplois dans ses secteurs d'intervention et en exploite les enseignements ;
- Indicateur 25 : le prestataire réalise une veille sur les innovations pédagogiques et technologiques permettant une évolution de ses prestations et en exploite les enseignements ;
- Indicateur 26 : le prestataire mobilise les expertises, outils et réseaux nécessaires pour accueillir, accompagner/former ou orienter les publics en situation de handicap ;
- Indicateur 27 : lorsque le prestataire fait appel à la sous-traitance ou au portage salarial, il s'assure du respect de la conformité au présent référentiel ;
- Indicateur 28 : lorsque les prestations dispensées au bénéficiaire comprennent des périodes de formation en situation de travail, le prestataire mobilise son réseau de partenaires socio-économiques

pour co-construire l'ingénierie de formation et favoriser l'accueil en entreprise ;

- Indicateur 29 : le prestataire développe des actions qui concourent à l'insertion professionnelle ou la poursuite d'étude par la voie de l'apprentissage ou par toute autre voie permettant de développer leurs connaissances et leurs compétences

Par la suite, nous aborderons en détail les indicateurs 23, 24, 25 et 26 qui concernent la totalité des organismes de formation. Cependant, les autres indicateurs de ce critère ne seront pas abordés volontairement car ils s'appliquent à tous les publics. Ils sont dédiés aux prestataires en mesure de proposer des formations en apprentissage et d'avoir une activité suffisamment développée pour faire appel à la sous-traitance.

Les indicateurs 23, 24 et 25

Les indicateurs 23, 24 et 25 peuvent être analysés en parallèle car ils reposent tous les trois sur le même principe. Ils permettent de vérifier la mise en place d'une veille active sur le champ de la formation et son exploitation au sein de votre organisme.

Par veille, on entend la mise en place d'actions continues et systématiques pour rechercher, collecter et exploiter des informations en lien avec son activité professionnelle. Ces indicateurs du référentiel national qualité distinguent 3 types de veille :

- une veille sur la réglementation légale et les obligations réglementaires qui incombent à un organisme de formation ;
- une veille sur l'évolution des métiers et des compétences permettant de disposer d'une information à jour et donc d'adapter ses prestations en conséquence ;
- une veille technologique afin de comprendre les nouvelles tendances en matière de formation et d'apprentissage.

C'est la réalisation d'une veille sur ces 3 volets que l'auditeur Qualiopi évalue. Pour ce faire, il sera nécessaire de disposer d'éléments de preuve comme des sources utilisées pour récolter l'information telles que :

- les publications spécialisées : revues et magazines professionnels qui offrent des éclairages ou des analyses approfondies sur certaines thématiques clés ;
- les rapports d'études et les enquêtes : publiés par des organisations étatiques ou privés, ils permettent de récolter une information détaillée et chiffrée pour décrypter une situation ;
- les réseaux sociaux professionnels : notamment LinkedIn qui permet de suivre des experts et de rejoindre des groupes pour discuter entre professionnels ;
- les évènements professionnels : les conférences, les salons qui permettent également de rencontrer des experts et d'échanger avec des professionnels du secteur de la formation.

Il est important pour un organisme de s'inscrire dans cette démarche pour récolter l'information, mais cela n'est pas suffisant. Une fois identifiée, l'information doit être analysée et exploitée. Il revient alors à l'organisme de démontrer comment sur chacune des 3 thématiques, il exploite les informations récoltées en utilisant des exemples précis.

La réalisation d'une veille technologique peut permettre de découvrir de nouveaux outils d'animation qui pourront ensuite être mis en œuvre dans le déroulé des formations proposées. La réalisation d'une veille sur l'évolution des métiers permet de disposer d'une information à jour à communiquer aux participants des formations dans le cadre du développement de leurs compétences. Enfin, dans le domaine réglementaire, il est primordial pour un organisme d'être au clair sur ses obligations comme celles d'être certifié Qualiopi ou de remplir annuellement son bilan pédagogique et financier. C'est ce type d'exemple qui permettra à l'auditeur de formuler une analyse positive sur ces 3 indicateurs.

L'indicateur 26

Pour finir, l'indicateur 26 se concentre sur un public précis : les personnes en situation de handicap. Il analyse les mesures mises en œuvre par votre organisme de formation pour accueillir cette population. Par « personne en situation de handicap », on entend toute personne ayant une déficience entraînant un obstacle ou une incapacité à accomplir des activités courantes. Dans le cadre du référentiel national qualité, il y a 2 principaux cas :

- l'organisme de formation est en mesure d'accueillir des personnes en situation de handicap : dans ce cas, il est nécessaire de démontrer les actions mises en place comme une sensibilisation des formateurs, l'existence et le déploiement d'outils spécifiques pour prendre en compte des handicaps visuels ou auditifs par exemple. Important, les actions mises en place doivent prendre en compte tous les types de handicap et ne pas se limiter au cas des personnes à mobilité réduite ;
- l'organisme de formation n'est pas en mesure d'accueillir des personnes en situation de handicap faute de ressources humaines ou matériels : dans ce cas, il a pour obligation de se rapprocher d'acteurs du champ du handicap (on peut citer AGEFIPH) afin d'intégrer un réseau d'experts et de partenaires qui seront en mesure d'accueillir ce public, mais aussi d'accompagner l'organisme de formation dans son évolution pour intégrer les situations de handicap.

Les organismes de formation doivent s'inscrire pleinement dans leur environnement et proposer une offre accessible à tous. Il est fondamental d'inclure les personnes en situation de handicap, quels que soit leurs besoins. Pour cela, une étroite collaboration avec les personnes en situation de handicap mais aussi les experts du domaine est primordiale pour proposer des solutions adaptées. Ces dernières phrases illustrent parfaitement la philosophie du critère 6.

Critère 7 : Le recueil et la prise en compte des appréciations et des réclamations

Le septième et dernier critère du référentiel national qualité vérifie qu'un organisme de formation s'inscrit dans une démarche de retour d'expérience et d'amélioration continue. Plus précisément, l'organisme doit mettre en place des actions systématiques pour recueillir des informations sur ses points forts mais aussi ses points faibles. Une fois recueillies, ces informations doivent faire l'objet d'un partage et d'une analyse pour mettre en place de nouvelles actions en conséquence.

Le critère 7 se compose de 3 indicateurs :

- Indicateur 30 : le prestataire recueille les appréciations des parties prenantes : bénéficiaires, financeurs, équipes pédagogiques et entreprises concernées ;
- Indicateur 31 : le prestataire met en œuvre des modalités de traitement des difficultés rencontrées par les parties prenantes, des réclamations exprimées par ces dernières, des aléas survenus en cours de prestation ;
- Indicateur 32 : le prestataire met en œuvre des mesures d'amélioration à partir de l'analyse des appréciations et des réclamations.

Ces 3 indicateurs s'appliquent à l'ensemble des organismes de formation.

L'indicateur 30

L'indicateur 30 analyse la mise en place de procédures de collecte d'appréciations auprès de l'ensemble des parties prenantes. Concrètement, cette démarche prend la forme d'enquêtes de satisfaction qui sont distribuées à l'issue des sessions de formation.

Le référentiel précise dans l'intitulé de l'indicateur une liste exhaustive des parties prenantes à intégrer dans cette démarche. Chacune d'elles doit avoir la possibilité de formuler un retour sur la prestation. Si les modalités de mise en œuvre de cette démarche sont libres, deux points sont cruciaux pour être conforme aux exigences de l'indicateur :

- si le mode de récolte des appréciations prend la forme d'une enquête de satisfaction, celle-ci doit obligatoirement comporter une section dédiée à la libre expression (rubrique commentaire, autre, etc.). Sans cette rubrique, et avec un questionnaire à choix multiples uniquement, il ne vous sera pas possible de recueillir une information fiable et exhaustive ;

- cette procédure de recueil de l'information doit obligatoirement être complétée par une procédure de relance qui précise les actions en place en cas de non-réponse (modalités et délai de relance, par exemple).

Pour finir, ces appréciations doivent être compilées et accessibles facilement afin de mener une démarche de traitement des difficultés et d'amélioration continue.

L'indicateur 31

C'est justement cette démarche de traitement des difficultés qui fait l'objet d'une analyse par l'indicateur 31. Ce dernier se concentre dans le détail sur la manière dont votre organisme prend en compte l'ensemble des difficultés ou insatisfaction. Celles-ci doivent être systématiquement prises en compte par l'intermédiaire d'actions concrètes.

Prenons un exemple pour illustrer une manière de satisfaire cet indicateur. À l'issue d'une session de formation, un participant a indiqué par l'intermédiaire d'un questionnaire une insatisfaction concernant l'horaire de début de la formation. En effet, à la suite de difficultés techniques et d'installations, les formateurs ont démarré la session à 9 h 15 au lieu de 9 h comme convenu initialement. Cette insatisfaction doit être centralisée et adressée avec un plan d'actions. Par exemple, il est possible de demander systématiquement au formateur d'être présent 15 minutes en avance pour éviter qu'un tel retard se reproduise. C'est grâce à des exemples précis que l'auditeur sera à même de formuler un retour positif sur cet indicateur.

Pour finir, vous avez pour responsabilité d'informer les parties prenantes de la mise en place d'actions pour traiter les difficultés. Par conséquent, dans l'exemple précèdent, il est nécessaire de prévenir le bénéficiaire afin de l'informer qu'une mesure a été prise afin que le retard ne se reproduise pas.

L'indicateur 32

L'indicateur 32, dernier indicateur du critère 7 et du référentiel national qualité, est une extension de l'indicateur 31. Il analyse la mise en place d'une démarche d'amélioration continue. Cette démarche doit être alimentée par les retours des parties prenantes mais également par une réflexion au sein même de l'organisme. Nous retrouvons très fréquemment la mise en place de groupes d'amélioration continue pour traiter ces sujets et mettre en place des plans d'actions qui devront être présentés à l'auditeur.

À la lecture de ce chapitre, vous disposez d'éléments clés pour vous accompagner dans votre travail de préparation de l'audit Qualiopi. Gardez en tête qu'il s'agit uniquement de recommandations. Chaque organisme dispose de spécificités, de situations uniques qui devront être prises en compte.

Si vous avez suivi pas à pas les consignes de ce guide, vous avez franchi des étapes clés dans le développement de votre activité de formation. Cela mérite bien de dresser un premier bilan avant de poursuivre sa route dans le secteur de la formation professionnelle.

Vous avez commencé votre périple en vous questionnant sur vos motivations, vos ambitions, vos attentes... et vous en avez conclu que le secteur de la formation professionnelle est fait pour vous et que vous saurez vous y faire une place. Fort de ces premières convictions, vous vous êtes lancé dans les démarches administratives permettant de développer une activité de formateur en créant une structure et en optant pour le bon statut. À ce stade, vous pouvez déjà vous applaudir car plus de 50 % des personnes intéressées par ce secteur ne passent pas cette étape, découragées par la lourdeur des processus administratifs. Galvanisé par ce premier succès, vous avez réussi à conclure votre première convention de formation, le précieux sésame nécessaire pour créer votre organisme auprès de la DREETS (Directions régionales de l'économie, de l'emploi, du travail et des solidarités) et obtenir un numéro d'activité. Vous êtes désormais un acteur de la formation professionnelle avec des droits, comme celui de proposer des formations mais également des devoirs, comme celui de renseigner annuellement votre bilan pédagogique et financier.

À cette étape, vous êtes un organisme de formation et vous êtes libre de proposer et dispenser des formations auprès d'acteurs du secteur privé. Si vous le souhaitez, vous pouvez cesser vos démarches à cette étape et vous lancer directement sur ce segment de marché. Néanmoins, le secteur public avec le développement du compte professionnel formation ouvre des perspectives très intéressantes qu'il serait dommage de négliger. Par conséquent, il y a de fortes chances pour que vous ayez fait le choix de poursuivre votre aventure en vous lançant dans l'obtention de la certification Qualiopi. Vous avez soigneusement sélectionné votre certificateur, vous avez mené un travail préparatoire minutieux pour démontrer au certificateur Qualiopi votre implication dans une démarche qualité et recevoir la certification haut la main. Bravo !

Chaque étape de la vie d'un formateur est rythmée par des droits et des devoirs. L'une de ces obligations consiste à l'utilisation de la marque Qualiopi et de son logo. En effet, une fois que votre organisme aura obtenu la certification Qualiopi pour les formations choisies, vous aurez des obligations à respecter lors de vos communications. Vous ne pourrez communiquer sur Qualiopi que concernant les formations qui ont été certifiées par un auditeur agrée, et vous devrez respecter la nomenclature et la charte graphique de Qualiopi.

L'ESSENTIEL

- **Quelle que soit la taille de votre structure,** prendre le temps de nommer un référent ou une équipe dédiée à la qualité vous facilitera la démarche de certification Qualiopi. En effet, sur les 32 indicateurs, la majorité relèvent d'une réflexion globale, qui doit avoir lieu dès la création de votre organisme de formation, ou au plus tôt.

- **À travers ce chapitre, les 7 critères de la certification Qualiopi** ont été détaillés afin de répondre aux exigences de chacun d'entre eux. De nombreux conseils pratiques et des exemples concrets pour préparer la certification Qualiopi vous ont été communiqués, c'est donc à vous de jouer !

- **Nous avons rappelé les droits et les devoirs** que vous avez en tant qu'organisme certifié, et l'importance des bons usages de la marque Qualiopi.

CHAPITRE 6

Références et utilisation de la marque Qualiopi

Executive summary

Après avoir fait toutes les démarches pour enfin obtenir la certification Qualiopi, vous n'avez qu'une envie : en tirer ses bénéfices. Pour ce faire, il va falloir communiquer sur votre certification. À travers les éléments que nous allons vous partager, vous allez comprendre les tenants et les aboutissants d'une communication réussie sur votre certification Qualiopi.

LES INTÉRÊTS DE LA MARQUE QUALIOPI

Une fois que votre organisme a obtenu la certification Qualiopi pour les champs d'action de formation que vous avez choisis, le travail n'est pas fini. En effet, lors des audits de surveillance du maintien de votre certification, (tous les 18 mois environ), l'auditeur va vérifier minutieusement la manière dont vous utilisez la marque Qualiopi. Il est primordial de comprendre que le logo Qualiopi constitue une marque déposée par le Ministère du travail avec une charte, un règlement et des règles d'utilisation très précises. La vérification de votre communication sur votre site Internet, vos supports de communication et de formation fait l'objet d'un indicateur dédié.

En tant qu'organisme certifié Qualiopi, vous êtes directement concerné par ces éléments. Mais concrètement, de quoi s'agit-il ? Quelles sont les obligations à respecter ? les interdictions ? Nous allons tout vous détailler.

Avant toute chose, il va être nécessaire de comprendre ce qu'est la marque Qualiopi, en quoi elle consiste et ses enjeux.

Le logo Qualiopi est une marque déposée par l'État qui en est le seul propriétaire. Gage de qualité, la marque Qualiopi permet d'avoir une meilleure lisibilité de l'offre de formation pour les clients pour faciliter le choix d'un organisme de formation. Elle vise à :

- attester de la qualité du processus mis en œuvre par les prestataires d'actions concourant au développement des compétences ;
- permettre une plus grande lisibilité de l'offre de formation auprès des entreprises et des usagers.

La marque Qualiopi est délivrée par des organismes certificateurs accrédités par le Comité français d'accréditation – COFRAC, tels que ICPF, ou par les instances de labellisation sur la base du référentiel national qualité. Ils sont les garants du bon usage de la marque. Dès la délivrance de la certification, ils ont l'obligation de transmettre tous les documents nécessaires à la communication sur la certification avec le logo Qualiopi et de s'assurer que cette dernière est conforme.

Au 1er janvier 2022, la certification est obligatoire pour tous les prestataires d'actions concourant au développement des compétences qui souhaitent accéder aux fonds publics et mutualisés ; la marque Qualiopi concerne donc tous les prestataires, y compris les formateurs indépendants, dispensant des actions :

- de formation ;
- de bilans de compétences ;
- permettant de faire valider les acquis de l'expérience (VAE) ;
- de formation par apprentissage.

Il est bon à savoir que la catégorie « actions de formation » est la plus représentée, avec environ 35 000 organismes certifiés (Novembre 2020, CERTIFOPAC). Définie par le Code du Travail comme un parcours pédagogique permettant d'atteindre un objectif professionnel, l'action de formation se fait à distance, sur site ou sur le lieu de travail.

L'action doit répondre au moins à l'un des objectifs prévus par le Code du Travail, tels que :

- permettre à toute personne sans qualification professionnelle ou sans contrat de travail d'accéder dans les meilleures conditions à un emploi ;
- favoriser l'adaptation des travailleurs à leur poste de travail, à l'évolution des emplois ainsi que leur maintien dans l'emploi et de participer au développement des compétences ;
- réduire les risques d'une qualification inadaptée à l'évolution des techniques et des structures de l'entreprise ;
- favoriser la mobilité professionnelle.

En tant qu'organisme certifié Qualiopi, vous êtes utilisateurs et titulaires du droit d'usage de la marque auprès de vos clients et financeurs (État, OPCO, Pôle emploi, régions, etc.) qui en sont les récepteurs. Vous devez respecter un ensemble d'obligations en termes d'utilisation.

LES ENJEUX DE L'UTILISATION DE LA MARQUE QUALIOPI

Le premier enjeu est d'assurer la pérennité de votre certification. La marque Qualiopi est une marque collective déposée, propriété de l'Association Française de Normalisation (AFNOR). Elle permet aux organismes certifiés de se démarquer sur le marché de la formation professionnelle continue en attestant de la qualité de leurs prestations. Ainsi, cela renforce la confiance des parties prenantes (clients, financeurs, partenaires) dans les prestations de l'organisme certifié et peut favoriser son développement économique.

Comme nous l'avons évoqué précédemment, mettre en avant que vous êtes certifié Qualiopi va vous ouvrir le champ des possibles car il s'agit d'un prérequis pour bénéficier de budgets des organismes publics, et d'une véritable marque de différenciation et de légitimité pour les organismes privés, qui seraient intéressés par votre offre de formation. La marque Qualiopi est devenue un véritable critère de choix pour les entreprises et les particuliers aguerris. Le Ministère du Travail, de l'Emploi et de l'Insertion appuie cette idée. Selon lui, il y a un véritable enjeu d'utilisation de la marque Qualiopi pour les organismes certifiés. En effet, au sein de la charte d'usage de la garantie Qualiopi nous retrouvons que l'utilisation du logo permet : « d'accéder aux financements publics et mutualisés ; augmenter leur visibilité et leur crédibilité auprès de leurs cibles ».

La marque Qualiopi est délivrée par des organismes certificateurs accrédités ou autorisés par le Comité français d'accréditation (Cofrac) sur la base du référentiel national qualité. En tant qu'organisme de formation certifié Qualiopi, il est obligatoire de communiquer uniquement sur les périmètres audités lors du parcours du référentiel national qualité avec l'auditeur. Par exemple, si vous avez été audité uniquement sur les bilans de compétences, vous ne pouvez donc pas communiquer avec le logo Qualiopi sur vos actions de formation qui ne sont pas des bilans de compétences.

Quelques cas d'utilisation erronée de Qualiopi :

- la marque Qualiopi ou la référence à la certification Qualiopi est apposée sur des informations non conformes aux exigences de la charte d'usage ;
- utilisation de la marque dans une communication spécifique, une publicité pour une action de formation en particulier ;
- utilisation de la marque sur une attestation de formation ou encore tout support dédié uniquement à une action. Par exemple, sur des catalogues de formation, des factures ou devis.

Quelques cas d'utilisation abusive de Qualiopi :

- la marque Qualiopi ou la référence à la certification Qualiopi est apposée sur des informations n'ayant pas fait l'objet d'une demande de certification ou encore en cours de certification ;
- de façon générale, les règles de références à la certification ne sont pas respectées ;
- l'autorisation d'utiliser la marque est strictement personnelle. Elle ne peut en aucun cas être cédée ou transmise par quelque moyen que ce soit.

LES EFFETS D'UNE UTILISATION ERRONÉE OU ABUSIVE DE QUALIOPI

L'organisme de formation qui utilise la marque Qualiopi de manière erronée, c'est-à-dire, en ne respectant pas les règles peut se voir réduire son champ d'activité certifié, suspendu de la certification Qualiopi, et pire, se voir retirer la certification. Cela entraîne de lourdes conséquences pour les organismes de formation peu rigoureux. Aussi, il y a un bon nombre d'organismes qui utilisent la marque Qualiopi de façon abusive. Par exemple, ils sont Qualiopi sur-le-champ « Validation des Acquis de l'Expérience », et ils vont le communiquer avec les bilans de compétences qu'ils délivrent alors que sur ce périmètre, ils ne sont pas certifiés Qualiopi.

Lors de la surveillance et tout au long du cycle de certification, les organismes certificateurs doivent s'assurer du respect de l'usage du logo Qualiopi. Une veille est donc assurée par le certificateur tel que l'ICPF et l'État.

En cas de non-conformité constatée ou remonté par l'État, ICPF vous notifie le ou les écart(s) identifié(s) en précisant un délai de mise en conformité. Si elle n'est pas constatée dans le délai, cela peut donner lieu à une suspension, retrait ou au non-renouvellement de la certification. En cas de poursuite d'usage abusif malgré le retrait, une sanction serait prise par l'État.

Aussi, si vous communiquez de manière inexacte ou trompeuse sur votre certification Qualiopi, cela peut entraîner des conséquences juridiques car cela peut être considéré comme une publicité mensongère ou trompeuse, ce qui est illégal en France. Selon l'article L121-1 du Code de la consommation, « il est interdit de pratiquer des pratiques commerciales trompeuses ou de nature à induire en erreur le consommateur ». Par conséquent, vous pouvez être poursuivi en justice par les autorités compétentes ou par des tiers.

Nous avons rencontré une personne que nous appellerons Mélanie[1], une formatrice indépendante qui a perdu la certification Qualiopi. Suite à l'audit initial, elle a obtenu la certification. Mais, elle n'a pas su communiquer de manière adéquate. Lors de l'audit de surveillance, la certification lui a été retirée. Depuis, elle travaille sur les modifications à mettre en place pour le repasser une nouvelle fois et récupérer la certification. Un long chemin qu'elle aurait pu éviter si elle avait fait preuve de rigueur, et si elle avait mis en place un système de management qualité.

1. Le prénom a été modifié pour des raisons de confidentialité.

TÉMOIGNAGE

Mélanie, *formatrice indépendante*

LA PERTE DE LA CERTIFICATION QUALIOPI À CAUSE D'UN MAUVAIS USAGE DE LA MARQUE

Mélanie est formatrice depuis 5 ans. Elle propose des bilans de compétences, de l'accompagnement à la Validation des Acquis de l'Expérience (VAE) et des formations d'orthographe et d'anglais. Elle a passé la certification Qualiopi et l'a acquise uniquement pour les bilans de compétences et les formations. Elle n'a pas passé l'audit pour la VAE. Lors de ses communications auprès de ses clients ou de ses prescripteurs, elle mentionnait qu'elle était certifiée Qualiopi, sans préciser que c'était le cas uniquement pour les bilans de compétences et les formations en orthographe et en anglais. Lors des vérifications faites par l'auditeur pendant l'audit de surveillance, elle s'est vue retirer sa certification. Elle doit donc modifier son site Internet et ses supports de formation afin de repasser à nouveau l'audit Qualiopi.

+ UNE FOIS CERTIFIÉ, LE FORMATEUR EST JURIDIQUEMENT RESPONSABLE DE SON USAGE DE QUALIOPI.

« Lors de l'audit de surveillance, si l'auditeur révèle que l'organisme de formation ne respecte pas les normes de qualité énoncées dans la certification Qualiopi, cela peut entraîner le retrait de la certification. L'auditeur m'a donc prévenue que je peux être tenue responsable des conséquences juridiques de mon manque de transparence. Une communication erronée ou abusive de Qualiopi peut entraîner de lourdes sanctions. »

+ LES DOCUMENTS ENVOYÉS PAR L'AUDITEUR À LA FIN DE L'AUDIT INITIAL DOIVENT ÊTRE RELUS DIRECTEMENT POUR ÊTRE À JOUR DE SES OBLIGATIONS.

« J'ai communiqué de manière inexacte sur ma certification Qualiopi, car je n'ai pas pris le temps de relire les éléments envoyés par mon organisme certificateur suite à l'audit initial. Je dois donc effectuer le travail doublement, refaire l'audit de surveillance afin de solliciter une deuxième chance. »

LES OBLIGATIONS DE L'ORGANISME CERTIFICATEUR

L'organisme certificateur qui vous a délivré la certification Qualiopi pour les actions de certification auxquelles vous avez été auditées doit informer les autorités compétentes de votre utilisation erronée ou abusive de Qualiopi.

Les mesures sont très claires : réduction, suspension et retrait de la certification. Il est important de vérifier à la fin de l'audit que votre auditeur vous fournisse l'ensemble des éléments pour pouvoir respecter les exigences de la marque Qualiopi.

Une fois que vous avez eu tous ces documents, vous êtes légalement responsables du bon usage de la marque Qualiopi au sein de votre organisme de formation. Les règles à respecter pour l'utilisation conforme de la marque Qualiopi sont les suivantes :

- Mentions obligatoires aux catégories d'action : la marque Qualiopi doit être utilisée uniquement pour les champs d'application sur lesquels vous êtes certifiés, il ne faut pas élargir le cadre sans avoir été audité en amont. La marque Qualiopi ne doit pas être utilisée à des fins politiques ; vous pouvez vous référer au Règlement d'Usage de la Marque Française[2] de Garantie, qui est accessible gratuitement sur le site du Ministère du Travail, du Plein emploi et de l'Insertion, au sein de l'article 5 « Modalités d'utilisation de la marque » ;
- Le logo Qualiopi doit toujours être accompagné de la mention adaptée correspondant à la catégorie d'action dont le processus a été certifié, et ce, selon la forme définie par la charte graphique. Vous devez utiliser le logo sans modification sur le plan graphique avec une taille de logo et un périmètre de sécurité définis et avec le fond blanc. Vous retrouverez toutes les précisions et les bonnes pratiques dans

2. Ministère du travail du plein emploi et de l'insertion, *Règlement d'usage de la marque française de Garantie n°4704889 – Qualiopi Processus certifié*, https://travail-emploi.gouv.fr, mars 2023

le document charte graphique fourni par le Ministère du Travail, du Plein emploi et de l'Insertion[3] ;

- Le respect de la charte graphique : la marque doit être reproduite dans son intégralité, telle que déposée à l'INPI (Institut National de la Propriété Industrielle), en respectant la charte graphique. Pour garantir la pérennité de votre certification, vous devrez respecter la charte d'utilisation de la marque. En tant qu'organisme certifié, vous vous engagez à respecter les règles de bonne utilisation de la marque et à maintenir la qualité de ses prestations. De plus, la charte d'utilisation de la marque «Qualiopi» fixe également les règles de contrôle et de surveillance des organismes certifiés, permettant ainsi de s'assurer que les critères de la certification sont bien respectés et que la qualité des prestations est maintenue dans la durée. Vous devez utiliser le logo Qualiopi avec le bandeau horizontal Marianne et la mention République Française. Seul l'État est habilité à utiliser l'image de la marque Qualiopi sans ce bandeau ;[4]

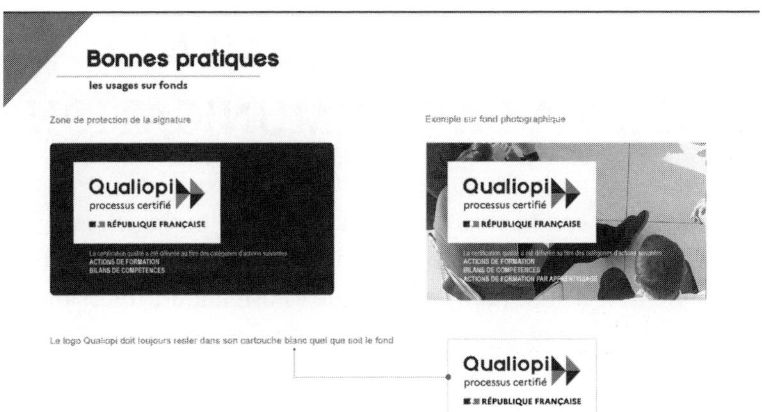

- les supports de communication autorisés : si vous êtes un organisme certifié Qualiopi, vous pouvez afficher le logo Qualiopi sur vos supports

3. Ministère du travail du plein emploi et de l'insertion, *Charte graphique Qualiopi pour les utilisateurs et les garants*, https://travail-emploi.gouv.fr/, 15 mars 2023

4. Sandrine Baslé, Valentine Lesser Galtier et Valentine Malan, *Comment bien utiliser le logo Qualiopi ?*, https://qualiview-conseil.com/, 2 octobre 2022

de communication, tels que votre site Internet, vos documents commerciaux et vos publicités, les documents de présentation de votre formation (diapositives), les documents imprimés (visuels, catalogues, affiches, brochures...), les vecteurs de communication en ligne (sites Internet, newsletters, blogs).

En général, les organismes certificateurs fournissent aux organismes de formation certifiés un kit de communication comprenant les éléments graphiques du logo Qualiopi et les règles d'utilisation associées. Vous devrez donc contacter votre organisme certificateur pour obtenir ces informations et pour vous assurer que vous utilisez le logo Qualiopi conformément à ses exigences. Assurez-vous bien que votre organisme certificateur vous guide correctement une fois que vous êtes certifié.

OÙ TÉLÉCHARGER LE LOGO QUALIOPI ET LES DOCUMENTS RELATIFS À LA COMMUNICATION ?

Si votre organisme certificateur ne vous a pas fourni tous les éléments, vous les retrouverez directement sur le site du Ministère du Travail, du Plein emploi et de l'Insertion, dans la rubrique « Formation Professionnelle ». Il faut faire de la veille continuellement car des nouveaux documents sont régulièrement partagés sur le site, et sont légalement applicables. Par exemple, le « règlement d'usage » version mars 2023 a été déposé récemment sur le site, et en tant qu'organisme de formation, vous vous devez de faire de la veille régulière sur les mises à jour.

L'ESSENTIEL

- **Il faut retenir qu'être certifié Qualiopi** est une force pour vous démarquer de vos concurrents et être légitime et crédible dans votre domaine d'activité.

- **Toutefois, être certifié Qualiopi est une responsabilité** avec des droits et des devoirs qui en incombent. Il faut donc prendre conscience de l'importance de la réglementation autour de la marque tout au long du processus de votre développement d'activité, et c'est gagné !

- **Il est maintenant temps de se lancer dans la suite du parcours**, et de vous expliquer comment construire et commercialiser votre offre de formation auprès d'acteurs privés mais également publics et faire en sorte que votre activité puisse croître.

CHAPITRE 7

Développer son offre de formation et se positionner sur le marché

Executive summary

Il est temps maintenant de proposer une offre de formation qui va vous permettre de tirer votre épingle du jeu et de faire la différence face à la concurrence du marché que vous visez. Vous devez avoir une solide connaissance du marché et de l'écosystème des acteurs. En d'autres termes, il est temps de travailler sur votre positionnement et sur l'élaboration d'une offre différenciante.

FAIRE DE LA VEILLE SUR SON SECTEUR

Les organismes de formation sont avant tout des organisations comme les autres. C'est pour cette raison que vous avez pour mission (comme n'importe quelle autre entreprise) de définir une stratégie claire pour vous distinguer de la concurrence, promouvoir votre marque et vendre vos formations. Cette stratégie passe par une phase cruciale : l'étude de marché.

Dans le secteur de la formation, on distingue classiquement les acteurs du B2B, (*business to business*, des acteurs qui commercialisent une offre à destination des entreprises / personnes morales), les acteurs du B2C (*business to consumer*, des acteurs qui commercialisent une offre à destination de clients particuliers) et les acteurs qui s'adressent aux deux catégories (B2B et B2C).

Si vous proposez votre formation en passant par l'intermédiaire de personnes morales, d'organismes privés ou public (Pôle Emploi, entreprises, collectivités, etc.), vous serez alors considéré comme un acteur B2B. Dans un autre cas, si vous formez directement des particuliers, vous serez considéré comme un acteur B2C. Vous pouvez aussi décider de pratiquer les deux stratégies simultanément. Par exemple, vous pouvez proposer des formations collectives en présentiel au sein d'entreprises (B2B) et proposer des formations en ligne à des particuliers (B2C). Pour prendre une décision et commencer à vous positionner, nous vous proposons une approche marketing, la méthode «segmentation – ciblage – positionnement».

Segmentation – ciblage – positionnement

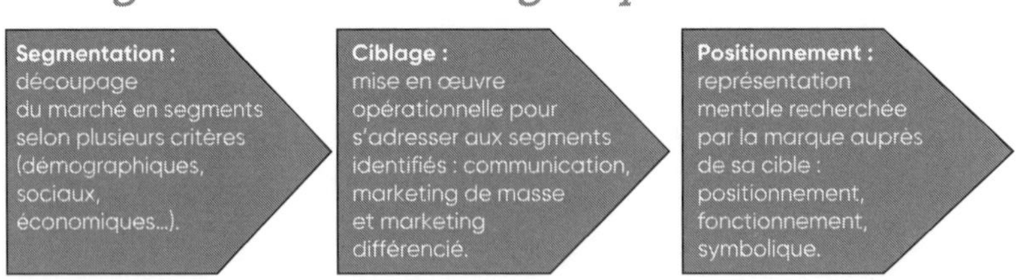

Reprenons en détail les éléments proposés dans cette approche. Tout d'abord, vous devez comprendre qu'un marché se segmente selon différents critères qui définissent à la fois le comportement et le profil des clients. Ainsi, pour segmenter correctement un marché, il faut appliquer les critères suivants :

- des critères socio-économiques relatifs à la classe socio-professionnelle, aux revenus et au niveau d'étude des populations ciblées ;
- des critères socio-démographiques relatifs à l'âge, au sexe, à la situation familiale et au lieu de résidence ;
- des critères psychologiques relatifs aux valeurs, au mode de vie et aux centres d'intérêt ;
- des critères relatifs aux comportements d'achat, c'est-à-dire les habitudes de consommations et l'utilisation des produits/services.

La méthode des persona peut vous aider à construire cette segmentation et à identifier des profils types de clients.

Méthode des persona

Un persona est une personne inventée avec une identité propre telle que le prénom, son âge, une situation familiale, un métier, et même des photos la représentant. Elle est chargée de représenter un groupe avec des attitudes et comportements similaires. Ce système est utilisé en business développement, marketing, design, ergonomie, informatique, etc.

Les « persona » permettent d'étudier le client d'après des éléments biographiques et psychologiques, des critères tels que la problématique rencontrée par le client, ses motivations ou encore ses objectifs. La définition du persona joue un rôle déterminant dans la stratégie marketing d'une entreprise, en particulier pour la stratégie de marketing digital. Elle permet d'identifier des groupes de clients homogènes auprès desquels vous pourrez lancer des actions ciblées de communication, de marketing...

Comment l'appliquer au secteur de la formation ?

Si vous décidez de proposer votre offre avec une approche B2B, vous pouvez remplacer les critères socio-économiques et socio-démographiques par des critères organisationnels, comme les attributs d'une entreprise, son chiffre d'affaires, sa taille ou son ancienneté.

Ensuite, le ciblage est une pratique de stratégie marketing qui consiste à identifier et choisir les individus les plus enclins à acheter un service ou un produit spécifique. Elle intervient après la segmentation du marché. Une fois choisie, tous les efforts de marketing seront centrés sur la cible pour lui vendre le produit ou le service en question.

Enfin, on appelle « positionnement » le caractère différenciateur d'une offre par rapport à ses concurrents. En d'autres termes, le positionnement, c'est choisir le terrain de jeu sur lequel nous sommes le premier dans l'esprit de nos clients. Il est très intéressant de le définir en prenant en compte 3 dimensions représentées ci-dessous dans le triangle d'or du positionnement.

Triangle du positionnement

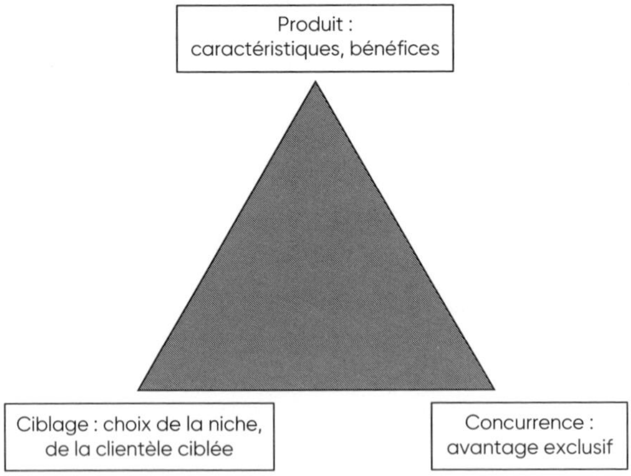

CONSTRUIRE SON OFFRE DE FORMATION

C'est uniquement en réfléchissant à votre segmentation marché, votre positionnement et vos cibles que vous serez capable d'élaborer une offre de formations différenciante avec des caractéristiques distinctives que l'on ne retrouve pas sur le marché actuellement.

Dans la suite de cette partie, nous nous focaliserons sur les 5 facteurs de différenciation d'une offre, à savoir :

- la flexibilité géographique : proposer une formation dans des locaux accessibles facilement et dans différentes villes, être en mesure de se déplacer et d'animer des sessions dans des locaux différents... ;
- la flexibilité temporelle : permettre aux bénéficiaires de participer librement aux sessions, proposer un grand nombre de sessions de formation (en semaine et le week-end, par exemple)... ;
- le coût : proposer le meilleur rapport qualité/prix (les formations en e-learning permettent souvent de diminuer les coûts de formation) ;
- l'implication et l'interaction : contrairement à ce qu'on peut imaginer, la formation en ligne ne supprime pas l'interaction et l'implication, mais peut même la renforcer, en plaçant le stagiaire au cœur des débats dans les forums et différentes activités pédagogiques.

Conjugués, ces 5 éléments marquants de différenciation vous assureront de vous distinguer sur le marché et de trouver des clients potentiels.

À présent, la deuxième étape de votre étude de marché est terminée, vous venez d'élaborer votre stratégie marketing. Maintenant, il va falloir continuer à développer votre expertise. Comme explicité précédemment, sachez que tout au long de votre carrière de formateur, vous devrez jongler avec brio entre les 3 socles : le légal, le marketing et l'expertise.

DÉVELOPPER SON EXPERTISE

Aujourd'hui, dans beaucoup de structures, le mot « expert » est employé en tant que synonyme du mot « référent » sur un sujet. En effet, être expert ne se limite pas qu'à l'expérience sur le long terme. Un jeune diplômé ou une personne ayant écrit quelques articles peut être qualifié d'expert... Force est de constater que ce mot est employé de façon abusive, et il a perdu de sa valeur dans notre société. En somme, beaucoup de personnes agissent en s'auto-proclamant « sachant », sans l'être réellement. Revenons donc sur la définition. Selon le dictionnaire Le Robert, un expert est « une personne qui a acquis une grande habileté par l'expérience, par la pratique », ou selon le Larousse « une personne apte à juger de quelque chose, un connaisseur. »

L'expérience et la connaissance sont au cœur de la définition de l'expert. C'est pourquoi, il faudra allier les deux tout au long de votre carrière. Pour ce faire, il vous faudra expérimenter et découvrir de nouvelles méthodes mais surtout, être très actif dans votre secteur et faire de la veille. En effet, avoir 10 ans d'expérience dans un secteur ne suffit pas, il faut pratiquer, tester, se questionner et grandir tout au long de votre carrière. Pour vous aider dans cette aventure, vous pouvez également faire le choix de vous entourer d'experts et de travailler sur des sujets qui ne sont pas vos sujets de prédilection. Il va donc falloir apprendre à déléguer en conjuguant trois éléments de base :

- accepter que vous ne puissiez pas tout savoir ;
- être assez motivé pour développer votre offre au-delà de vos connaissances ;
- avoir l'envie d'apprendre, de partager et de s'ouvrir aux autres.

Bien que nous soyons dans une dynamique d'apprentissage perpétuel, il faudrait plusieurs vies pour développer nos compétences et les transmettre dans un nombre de domaines illimité. Déléguer, c'est « transmettre, confier » selon Le Robert. C'est donc déléguer le pouvoir à la personne à qui vous avez fait confiance pour dispenser des formations en utilisant le nom de votre organisme ou parce que vous l'avez recommandé. Vous devrez donc sélectionner les personnes avec attention et minutie, car c'est l'image de votre structure qui rayonnera grâce à ces personnes, ou au contraire, se ternir.

Une fois les personnes sélectionnées, vous devrez prendre le temps de leur transmettre les valeurs de votre structure, vos modes de fonctionnement et de suivi des activités, et enfin, les former sur les méthodes de travail et sur votre approche de l'orientation client. Les personnes apporteront leur technicité, leur expertise, mais vous devrez faire attention à ce que les savoir-être de ces dernières correspondent aux valeurs de votre structure et à son développement.

Enfin, il faudra accompagner les personnes que vous avez choisies, leur demander des retours à la suite des formations menées. Et bien entendu si vous être certifié Qualiopi, vous devrez faire attention à ce que les formations données par les personnes répondent bien aux indicateurs, au risque de perdre votre certification.

Déléguer est une belle aventure, inhérente au développement de votre organisme de formation. Elle demande de la détermination, de l'écoute, de la patience et de la disponibilité pour les personnes qui rejoignent votre aventure. C'est pour cela que vous devez bien réfléchir en amont à vos aspirations entre être formateur indépendant ou créer votre organisme de formation. Bien que rien ne soit gravé dans le marbre...

Quoi qu'il en soit, dans le monde de la formation, vous avez plusieurs options :

- opter pour le système du salariat ;
- contractualiser avec des formateurs sous le régime de la sous-traitance en passant par des formateurs indépendants ;
- décider de passer par des entreprises de portage salarial qui vous proposeront des formateurs que vous pourrez choisir.

L'ESSENTIEL

- **Le choix de votre offre de formation dépendra de votre stratégie** réfléchie lors de la création de votre projet et repensée à chaque étape du processus de son développement.

- **Pour créer votre offre de formation,** il est essentiel de faire de la veille du secteur pour analyser les offres déjà proposées.

- **L'utilisation des outils marketing** segmentation, ciblage et positionnement et la méthode des personna vous aideront à construire votre offre.

CHAPITRE 8

Rendre visible son offre de formation

Executive summary

- **Dans le chapitre précédent, nous vous avons présenté des méthodes et des outils** qui vous permettront de construire une offre de formation innovante et différenciante. C'est une étape essentielle. Néanmoins, comme sur tous les marchés concurrentiels, savoir mettre en valeur son organisme et communiquer sur son offre sont des étapes toutes aussi essentielles. En effet, vous pouvez disposer de la meilleure offre, mais faute d'une diffusion adaptée, le public ne pourra pas en bénéficier.
- **Dans ce chapitre, nous passerons à la loupe différents canaux** qui vous permettront de rendre visible votre offre. Une attention particulière sera portée à votre e-réputation (plateformes, sites web... à votre disposition) et à la manière de faire connaître votre offre au plus grand nombre.

PUBLIER SES FORMATIONS EN LIGNE

Publier votre offre de formation sur le site moncompteformation.gouv.fr (site où les particuliers peuvent utiliser leur compte personnel de formation) nécessite de suivre plusieurs étapes. La première consiste à passer par une plateforme dédiée aux organismes de formations, bien connue dans le monde de la formation : EDOF (Espace des Organismes de Formation). Il s'agit d'un site Internet lancé en novembre 2019 qui permet aux organismes de référencer leurs formations éligibles sur le site du CPF (le mot éligible est important, nous aurons l'occasion d'y revenir).

Cette plateforme offre la possibilité à votre organisme de :

- saisir et publier un catalogue contenant l'ensemble des formations proposées et éligibles au CPF ;
- visualiser les demandes d'inscription à vos formations et les suivre (prise de contact, réservation de rendez-vous, planification des sessions de formation...) ;
- percevoir le règlement de vos prestations depuis le compte personnel de formation de vos bénéficiaires.

Accéder à EDOF

Pour accéder à EDOF, vous devez être à jour de certaines obligations réglementaires. Si vous avez suivi les conseils de ce guide, cette étape ne devrait pas être la plus difficile.

Lors de votre demande d'inscription, 3 informations vous seront demandées :

- votre numéro de déclaration d'activité ;
- votre dernier bilan pédagogique et financier, appelé BPF (si vous êtes un nouvel organisme de formation qui existe depuis moins d'un an, ce dernier n'est pas obligatoire) ;

- votre certification Qualiopi car seuls les organismes de formation, qui répondent aux exigences en matière de qualité de l'offre de formation, peuvent accéder à cette plateforme.

Si vous répondez favorablement à ces 3 exigences, vous pouvez lancer facilement votre demande d'accès à la plateforme EDOF. Pour ce faire, connectez-vous sur le portail mesdemarches.emploi.gouv.fr pour accéder à un formulaire de contact. Il vous sera demandé de renseigner des informations sur votre organisme et de transmettre des pièces justificatives. Information importante, dans ce formulaire, il vous sera également demandé de saisir une « clé d'activation ». Il s'agit d'un code chiffré qui vous sera envoyé par courrier postal en même temps que votre numéro de déclaration d'activité. Cette clé sera obligatoire pour reconnaître votre organisme et finaliser votre demande d'accès. À l'issue de cette démarche, vous recevrez alors par mail un lien d'activation qui vous redirigera automatiquement vers la plateforme EDOF.

La plateforme dispose d'une ergonomie simple qui vous permettra de prendre en main très facilement les différents menus de navigation qui sont au nombre de 6.

Le tableau de bord : ce premier écran vous permet d'avoir une vision de votre activité de formation sur le site du compte personnel formation (CPF) en un clin d'œil. Plus spécifiquement, les bénéficiaires pourront directement évaluer les formations réalisées sur le site du CPF en vous attribuant une note sur 5. EDOF se chargera de comptabiliser l'ensemble des notes attribuées pour vous afficher une moyenne sur votre tableau de bord, un peu comme le font d'autres plateformes comme Uber ou Booking. Ce menu est particulièrement riche et vous permet de gérer au quotidien vos formations éligibles et publiées sur le site.

Les données administratives, données financières et gestion des coordonnées : dans ces menus vous retrouverez l'ensemble des informations propres à votre organisme de formation. Il est crucial d'actualiser fréquemment ces informations comme la localisation de votre centre de formation qui apparaîtra pour les utilisateurs du CPF ou vos informations bancaires afin de vous assurer d'être rémunéré pour les formations dispensées.

Le catalogue : c'est depuis ce menu que vous aurez la possibilité de renseigner et de publier vos actions de formation éligibles au CPF. Il vous sera demandé de renseigner un certain nombre d'informations :

- objectifs pédagogiques ;
- contenu de la formation ;
- points forts de votre formation ;
- résultats attendus ;
- durée et prix de la formation ;
- type de parcours (individuel ou collectif).

Prenez le temps de renseigner l'ensemble de ces informations et ne négligez surtout pas cette étape. Toutes les informations saisies vous permettront de vous distinguer sur le site du CPF. Utilisez un maximum de mots-clés, renseignez-vous sur les tarifs pratiqués par vos concurrents qui sont accessibles sur le site CPF et qui vous permettront de proposer une offre concurrentielle. Cette étape sera cruciale pour vous permettre de vous différencier sur cette plateforme.

Les dossiers : ce dernier menu vous sera utile pour suivre l'état d'avancement des demandes d'inscription aux formations proposées.

Au début de cette partie, nous insistions sur le fait que seules les formations éligibles aux CPF pouvaient être mises en ligne à partir de la plateforme EDOF. Cette notion à toute son importance car elle a pour vocation à réglementer le marché de la formation et s'assurer que les formations proposées sur le site CPF sont de qualité. Il s'agit là encore d'une mesure mise en place pour se prémunir contre les fraudes.

Être certifié Qualiopi c'est déjà être en mesure de proposer des formations sur le site du CPF. En fonction du périmètre de votre audit Qualiopi vous pouvez d'ores et déjà accéder à EDOF et publier vos formations : bilan de compétences, validation des acquis de l'expérience (VAE).

Pour les autres actions de formation, être certifié Qualiopi n'est pas suffisant. Il faudra déposer une demande d'enregistrement au répertoire national des certifications professionnelles (RNCP) ou au répertoire spécifique (RS). Vous devrez compléter un dossier décrivant en détail votre formation. Il sera ensuite analysé par France Compétences qui aura pour mission de décider, si oui ou non, votre action de formation est éligible au CPF. L'enregistrement d'une certification au sein de l'un des deux répertoires la rend de fait éligible au CPF.

Vous avez également la possibilité de proposer une action de formation déjà existante sur le marché (une formation sur Excel, par exemple). Vous devez alors prendre contact par l'organisme détenteur de la certification (l'information est facilement récupérable sur le site de France Compétences) et lui demander l'autorisation pour former et délivrer cette certification. Son accord nécessite généralement le versement d'un certain pourcentage du prix de l'action de formation.

En prenant en compte ces quelques informations, vous pouvez construire un large catalogue sur le CPF et cibler un public de plus en plus désireux de développer ses savoirs et ses compétences.

Nous avons contacté une formatrice indépendante, qui évolue depuis des années dans le secteur. Être certifiée Qualiopi et référencée sur EDOF, donc visible auprès des publics *via* moncompteformation.gouv.fr, a augmenté les ventes de ses formations et lui a permis de rencontrer de nouveaux prospects.

TÉMOIGNAGE

Mouni AZOUZA, *Formatrice indépendante*

LA PLATEFORME MONCOMPTEFORMATION PERMET-ELLE D'AUGMENTER LES VENTES DE FORMATION?

Je suis formatrice indépendante depuis une dizaine d'années. Je suis comédienne, et je propose des cours de théâtre pour les jeunes de 6 à 17 ans. J'anime différents groupes, et je propose aussi des ateliers individualisés, sur l'art scénique. J'interviens depuis peu en gestion des conflits au sein des entreprises. Je suis référencée sur moncompteformation.gouv.fr depuis 8 mois, et je peux vous dire que mon agenda a complètement changé !

✚ PLUS GRANDE VISIBILITÉ AUPRÈS DES PUBLICS

Avant d'être référencée sur moncompteformation, j'approchais de manière traditionnelle les entreprises, les collectivités territoriales et les particuliers. Je prenais mon téléphone et j'envoyais des mails. Aussi, avec les années, mon réseau m'a permis de travailler avec différentes entreprises en Haute-Savoie, et tout le monde se connaît dans le secteur, c'est très petit. Je n'arrivais pas à aller au-delà de mon enracinement géographique. Le bouche-à-oreille m'a énormément aidé au démarrage, mais cela ne suffit pas.

Au bout de 10 ans, c'est très limitant. Je me suis donc dit qu'il fallait que je passe la certification Qualiopi, à la fois parce que Datadock ne suffisait plus, et je sentais que de nouveaux entrants allaient bouleverser le marché de mon secteur. Et, j'ai bien fait, car grâce à Qualiopi, j'ai pu bénéficier d'une fiche RS (fiche du répertoire spécifique de France Compétences) existante et être répertoriée sur MonCompteFormation, le site du CPF.

J'ai donc pu proposer ma formation en art oratoire sur moncompteformation.gouv.fr, et les demandes ont été très nombreuses. J'avais un site Internet, mais il ne m'apporta pas de clientèle supplémentaire. J'avais pris soin de mettre un formulaire de contact sur le site, mais le fait que les personnes payent leurs formations *via* leurs finances du quotidien constituait un frein non négligeable et très compréhensible.

✚ DES FORMATIONS PLUS FACILES À VENDRE

Les formations sont beaucoup plus simples d'accès lorsqu'elles sont répertoriées sur le site car les clients ont déjà un financement consacré à cela. Aussi, le fait que ma formation en art oratoire apparaisse dans un catalogue d'un ensemble d'autres formations qui ne sont pas priorisées en fonction de l'acteur me permet de gagner en visibilité. Par exemple, un leader du marché telle que l'École de l'Art Oratoire ne va pas être mis en avant, tous les organismes sont égaux au sein du catalogue. Cela aide les nouveaux entrants sur la plateforme et les formateurs indépendants, nous sommes tous logés à la même enseigne. Toutefois, un point peut nous démarquer fortement : il s'agit des notes.

✚ LE SYSTÈME DE NOTES

Dans le même modèle que les avis sur Google, vous pouvez noter une formation *via* un système d'étoiles une fois que vous l'avez faite. Cela est très contrôlé, seules les personnes ayant été prises en charge et formés *via* la plateforme peuvent noter une formation. Aussi, la note concernant une formation ne concerne pas l'organisme dans son ensemble, il s'agit d'une note uniquement sur la formation passée par l'apprenant.

+ GAIN EN LÉGITIMITÉ AUPRÈS DES ACTEURS PUBLICS

Le fait d'être référencé au sein sur le site rassure les personnes que je rencontre. Notamment les clients du secteur public, qui savent automatiquement que mes formations sont certifiées Qualiopi et qu'elles sont contrôlées par l'État pour être référencées. Il démocratise le secteur et redistribue les cartes. Si une organisation a besoin d'une personne flexible, elle passera plus rapidement par un indépendant, car il est référencé et qu'elle est en confiance. Je me suis même dit que j'aurai dû me certifier Qualiopi plus rapidement et lancer les démarches pour bénéficier de MonCompteFormation plus tôt !

PROPOSER SES FORMATIONS AUX OPÉRATEURS DE COMPÉTENCES

Dans le secteur public, en matière de financement d'actions de formation, le compte professionnel de formation fait figure de référence. Néanmoins, il existe une autre source de financement qui joue un rôle majeur : les opérateurs de compétences (OPCO).

Les OPCO sont des organismes agréés par l'État chargé d'accompagner la promotion et le développement de la formation auprès des petites et moyennes entreprises. Ils viennent remplacer les anciens organismes paritaires collecteurs agréés (OPCA). Ils ont pour principales missions :

- d'assurer le financement des contrats d'apprentissage et de professionnalisation ;
- d'accompagner les petites et moyennes entreprises dans l'analyse et la définition de leurs besoins en matière de formation professionnelle « notamment au regard des mutations économiques et techniques de leurs secteurs d'activité » ;

- d'apporter un appui technique aux branches professionnelles pour la gestion prévisionnelle de l'emploi et des compétences ;
- d'assurer un service de proximité permettant d'améliorer l'information et l'accès des salariés des petites et moyennes entreprises à la formation professionnelle.

Liste des opérateurs de compétences

Il existe au total 11 opérateurs de compétences qui ont chacun pour mission d'agir auprès d'une branche professionnelle :

- AFDAS : culture, industries créatives, médias, communication, tourisme, télécommunications, sport, loisirs et divertissement ;
- ATLAS : assurances, services financiers et conseil ;
- OCAPIAT : entreprises et exploitations agricoles, acteurs du territoire et secteur alimentaire ;
- UNIFORMATION : social, services aux personnes, insertion, sport, enseignement et formation ;
- CONSTRUCTYS : bâtiment, travaux publics, négoce des matériaux de construction et de bois ;
- OPCOMMERCE : champs conventionnels des branches du commerce ;
- AKTO : entreprises et salariés des services à forte intensité de main-d'œuvre ;
- OPCO 2i : industries chimiques, pharmaceutiques, papiers-carton et métallurgie ;
- OPCO MOBILITÉS : transport routier, maritime, services de l'automobile ;
- OPCO EP : entreprises de proximité ;
- OPCO SANTÉ : santé.

Ainsi, si vous souhaitez développer votre offre de formation à destination des petites et moyennes entreprises, vous avez la possibilité de présenter auprès des OPCO un dossier de demande de financement. Votre dossier doit démontrer en quoi vos formations sont pertinentes compte tenu des attentes des professionnels et des évolutions du marché.

À la suite de l'analyse de votre demande, les OPCO devront s'assurer de votre capacité à dispenser des formations de qualité (C. trav., art. L. 6316-1). Si vous êtes détenteurs de la certification Qualiopi, cette étape ne représente pour vous qu'une formalité. Votre demande pourra être obtenue avec la possibilité d'un financement pour des actions au sein d'une entreprise ou au sein d'une branche professionnelle.

EXPLOITER SES RÉSEAUX SOCIAUX POUR PROSPECTER

Grâce à la partie précédente, vous savez maintenant comment être référencé sur le site du CPF et bénéficier de financements publics. Si la démarche n'est pas compliquée, elle reste longue et lourde administrativement. Le site du CPF reste un incontournable pour proposer ses formations à un maximum de monde. Néanmoins, il existe d'autres vecteurs de commercialisation, plus faciles à mettre en place et qui peuvent également vous apporter un nombre non négligeable de nouveaux clients : Internet et les réseaux sociaux.

La quasi-totalité des organismes de formation disposent d'un site Internet accessible à tous. C'est le moyen de présenter en détail le contenu de son offre de formations auprès d'un large public. Pour ce faire, vous pouvez vous baser sur des outils simples comme Wordpress qui vous permettent, en quelques clics, de créer un site web professionnel.

Depuis votre site web, nous vous recommandons de décrire en détail votre offre de formation. Prenez le temps de créer une page par formation et de préciser les informations suivantes :

- objectifs pédagogiques ;
- modalités d'évaluation ;
- déroulé et lieu de la formation ;
- nombre de participants ;
- taux de réussite (si nécessaire) et témoignages des participants ;
- etc.

Le site web doit être un moyen de mettre en visibilité votre offre, il est votre vitrine auprès de vos clients et de vos partenaires. C'est un moyen de démontrer votre valeur ajoutée sur le marché et votre crédibilité.

Nous vous recommandons d'ailleurs de mettre en avant la certification Qualiopi (si vous avez décroché le précieux sésame) et de faire des liens directs vers la plateforme du CPF.

Depuis votre site, vous pourrez capter deux types de clients principaux :

- les clients qui souhaitent utiliser un financement public : il s'agit de potentiels clients qui pourront utiliser leurs comptes CPF, par exemple, pour financer une action de formation. Il peut également s'agir d'acteurs publics (villes, agglomérations, associations d'intérêts générales...) qui sont très attentifs aux nouveaux entrants sur le marché de la formation. Un site web peut vous permettre de vous faire repérer par ces acteurs qui pourront investir dans votre programme de formations pour le proposer à plus grande échelle;
- les clients qui souhaitent utiliser un financement privé : il peut s'agir d'entreprises qui peuvent proposer vos formations à leurs salariés. Il peut également s'agir d'individus qui souhaitent financer en propre une formation. En effet, si les dispositifs d'aide au financement des formations sont de plus en plus connus, le financement à titre privé d'une formation peut se faire. Ainsi, vous pouvez vendre des formations directement depuis votre site web et sans intermédiaire, il s'agit d'une source de revenu à ne pas négliger.

Un site web est donc un excellent moyen pour se faire connaître et maximiser vos ventes. En plus de la construction d'un site web, votre présence sur les réseaux sociaux est également primordiale pour vous faire une place sur le marché concurrentiel de la formation. La numérisation de vos offres de formation est également une stratégie qui vous permettra de vous différencier de vos concurrents et de développer votre activité à condition de définir des objectifs et une stratégie de formation digitale. En effet, proposer des formations en ligne, ou *via* des directs appelés «*lives*» sur les réseaux sociaux sont des nouvelles pratiques qui révolutionnent le monde de la formation.

La présence d'organismes de formation sur les réseaux sociaux peut surprendre mais il s'agit bel et bien d'une réalité. Certains formateurs se basent sur les réseaux sociaux et développent une véritable relation de confiance avec leurs communautés. En effet, vous avez la possibilité de gagner facilement en visibilité, de communiquer en temps réel sur votre offre et de créer une véritable relation de proximité avec les personnes qui vous suivent. Grâce à celle-ci, les abonnés se transforment rapidement en prospects potentiels puis en clients.

Ci-dessous vous trouverez des exemples de publications Instagram d'organismes de formation :

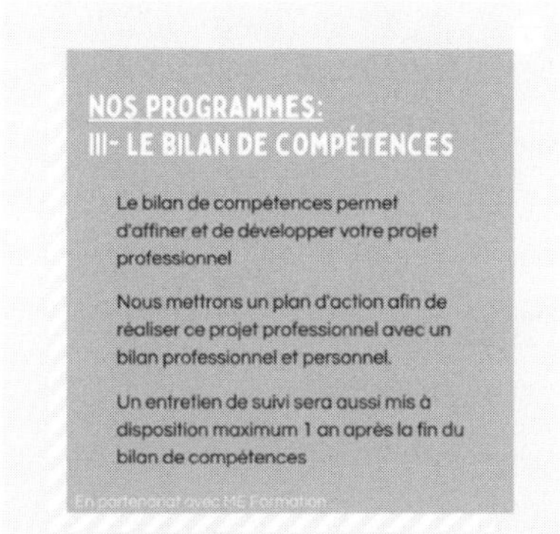

@CARRIÈRE SHAKER

En plus de vous aider à conquérir de nouveaux clients, les réseaux sociaux offrent de précieuses informations sur leurs besoins. L'aspect informel des réseaux sociaux permet de capter des signaux et des niches, notamment auprès des particuliers, dans le secteur de la formation professionnelle.

Une présence sur les réseaux sociaux de votre organisme de formation doit être le fruit d'une mûre réflexion qui doit prendre en considération votre offre et votre public cible. Par exemple, les formations dans le domaine du sport, de l'esthétique, du bien-être… sont très représentées sur Instagram avec des comptes à plusieurs milliers d'abonnés et autant de clients potentiels. Ainsi, nous vous conseillons de vous inscrire sur le réseau social où se trouve votre public cible :

- Instagram est majoritairement adopté par les jeunes, mais est visible par de plus en plus de catégories d'âges et d'entreprises. Si vous êtes créatif et que votre offre est visuelle, les opportunités sont immenses ;

- Facebook rassemble une audience très variée (autant d'hommes que de femmes) et reste indétrônable chez les 30-70 ans, malgré la montée en puissance d'autres réseaux sociaux ;
- Tik Tok : ce réseau social est encore récent, les organismes de formation y sont peu présents. Cependant, tout comme Instagram, c'est la possibilité de cibler des clients jeunes grâce à une offre visuelle et des mises en scène rapides à mettre en place ;
- LinkedIn est, sans conteste, le réseau pour les professionnels. Vous pouvez partager toutes les informations concernant votre entreprise sur ce réseau afin de capter les actifs de tous âges.

MOBILISER SON RÉSEAU PROFESSIONNEL ET PERSONNEL

Pour gagner en visibilité et commercialiser vos formations, le moyen le plus simple et le plus économique reste celui qui consiste à s'appuyer sur son réseau professionnel et personnel. Nous rencontrons tous au quotidien des personnes avec lesquelles nous interagissons. Ces personnes peuvent être considérées facilement comme des prospects qui pourront, avec un peu de travail, se transformer en clients ou en amener de potentiels.

Si vous souhaitez activer votre réseau, nous vous recommandons dans un premier temps de constituer un fichier de prospection. La forme de ce fichier reste libre : feuille de papier, classeur Excel… Le tout est de disposer rapidement d'une liste de contacts potentiels et des informations disponibles les concernant : nom, prénom, adresse, email, téléphone, type de lien que vous entretenez avec ces personnes (ami, collègue, rencontre lors d'un salon…). N'hésitez pas à voir large et à mentionner toutes les personnes avec lesquelles vous avez déjà été en contact et qui peuvent être inscrits dans un fichier de prospection. Ce document constitue une base de travail.

Une fois cette étape franchie, il vous reste à prendre contact avec les personnes qui figurent dans votre liste. Soyez vigilant et restez vous-même ! Il ne s'agit pas d'adopter une stratégie précise et des techniques de commercialisation. Privilégiez une approche simple qui consiste à reprendre contact pour avoir des nouvelles, intéressez-vous à leurs actualités et profitez-en pour présenter votre projet et votre offre de formation. Adoptez une posture d'écoute, posez des questions à vos contacts... vous pourrez ainsi comprendre comment les aider et s'ils peuvent être intéressés par votre offre.

Cette approche comporte deux avantages principaux :

- vous permettre de vous familiariser avec la présentation de votre structure et de votre offre. Vos connaissances sont souvent plus indulgentes que de nouveaux prospects, il s'agit d'un exercice idéal pour parfaire votre argumentaire ;
- vous permettre de capitaliser sur la confiance que votre réseau vous accorde. Vos contacts peuvent vous faire plus facilement confiance et choisir de travailler avec vous plutôt qu'avec un autre organisme de formation.

À vous de profiter de chaque opportunité de votre vie, aussi personnelle que professionnelle, pour créer la conversation, présenter votre activité et identifier des synergies potentielles. Un conseil : cherchez systématiquement à comprendre les besoins et attentes de vos interlocuteurs et la manière dont vous pouvez, ou non, y répondre. Cela vous permettra d'être dans une démarche constante de prospection et de développement de votre image, qui augmenteront fortement vos chances de commercialiser votre offre de formation.

PARTICIPER À DES ÉVÈNEMENTS PROFESSIONNELS

Enfin, peu importe la taille du réseau dont vous disposez, il reste nécessaire de l'entretenir et de le développer. Dans une démarche de prospection, il est primordial de rencontrer fréquemment de nouvelles personnes et de créer de nouvelles occasions pour parler de votre structure et de votre offre. Pour ce faire, deux logiques se présentent à vous : vous baser sur des événements existants (salons, forums, conférences...) ou alors créer par vous-même de nouvelles opportunités pour élargir votre réseau.

Chaque année, c'est plus d'une centaine d'évènements qui sont organisés en France autour de la formation professionnelle. Ces événements sont facilement accessibles car ouverts à tous. Parmi les principaux événements, on peut noter quelques exemples :

- le salon de la formation professionnelle : organisé chaque année par le groupe Studyrama, cet évènement de référence rassemble les professionnels du monde de la formation. C'est l'occasion d'échanger sur les dernières actualités et les tendances, de rencontrer les acteurs qui se distinguent sur le marché. Les organismes de formation y participent en nombre afin de rester à l'écoute du marché, d'identifier de potentielles synergies avec d'autres organismes de formation... ;
- les salons de l'emploi : organisés par Pôle Emploi, les villes, les groupements d'agglomérations... ces salons sont très fréquents et ont pour objectif de favoriser les rencontres entre les demandeurs d'emploi, les entreprises et les organismes de formation. Participer à ce type d'initiative est un excellent moyen de présenter votre offre, de rencontrer des prospects et d'autres acteurs de l'insertion. Ces événements sont à privilégier pour étoffer votre carnet d'adresses et faire connaître votre offre auprès de demandeurs d'emploi... ;
- les événements ciblés autour de métiers, qui font appel à des professionnels de la formation. Pour en citer quelques-uns il y a les salons de l'immobilier qui se déroulent dans toute la France ou Hôtellerie

Innovations qui réunit les professionnels de l'hôtellerie et de la restauration.

La liste des événements auxquels vous pouvez participer est longue : conférences, salons, forums...et ces événements peuvent être mis en place à différentes échelles : nationale, locale, régionale... Il est important de participer fréquemment à ce type d'initiatives pour favoriser votre intégration sur le marché et faire en sorte d'être à l'affut des dernières actualités. La majorité de ces événements sont très accessibles. Il vous sera très facile d'y participer mais également d'y contribuer directement en réalisant une intervention ou en tenant un stand. Compte tenu du bouleversement que connaît le monde de la formation, ces acteurs sont en train de se renouveler et la parole est souvent laissée aux nouveaux entrants afin d'en savoir plus sur leurs expériences et leurs manières de travailler. Par conséquent, en contactant les organisateurs de ce type d'événements et en démontrant votre profond intérêt, vous aurez l'opportunité de vous faire connaître assez rapidement.

Dans la seconde logique, qui ne s'oppose pas à la première mais qui doit plutôt être perçue comme complémentaire, nous vous invitons à organiser votre propre événement. Présenter de cette manière cette approche peut effrayer car elle est souvent associée à une grande visibilité et à une forte charge de travail. Sans brûler les différentes étapes et pour commencer «petit», il est tout à fait possible d'organiser un événement en ligne. La méthode est simple : convier les membres de votre réseau à un événement en ligne relativement court (environ 45 minutes) sur une thématique que vous maîtrisez. Pour ce faire, vous pouvez par exemple vous baser sur le réseau professionnel LinkedIn qui vous offre la possibilité d'organiser des conférences en ligne. L'objectif : gagner en visibilité et présenter votre offre de formation à de potentiels prospects.

Créer un événement LinkedIn

- Identifier une thématique : l'événement doit s'orienter autour d'une thématique que vous maîtrisez suffisamment pour prendre la parole pendant plusieurs minutes. Nous pouvons vous conseiller une intervention sur les thèmes suivants : présentation de votre offre de formation, présentation d'un REX (retour d'expérience) suite à une formation réalisée, animation d'une discussion autour d'une actualité sur le monde de la formation professionnelle...
- Identifier un outil de réunion en ligne : si LinkedIn vous permet de créer et de communiquer sur un événement, il vous sera nécessaire de passer par une plateforme de réunion à distance. Vous devez donc faire votre choix parmi l'ensemble des outils (gratuits et payants) à disposition comme Skype, Google Meet, Teams, Zoom...
- Créer votre événement : suivez les indications et complétez les informations demandées par LinkedIn pour créer votre événement. À l'issue de cette procédure, il pourra être visible et chacun pourra décider de s'y inscrire et d'y participer.
- Cibler les participants à cet événement : faites le tri dans les membres de votre réseau en identifiant ceux qui seront le plus intéressés par l'événement. Prenez le temps de les contacter individuellement pour les inviter à y participer.
- Communiquer sur votre événement : multipliez les communications personnalisées et individualisées pour vous assurer que vous rassemblez suffisamment de participants. Par exemple, vous pouvez écrire des posts LinkedIn ou encore des messages privés pour une approche plus personnalisée.

L'ESSENTIEL

- **Avec ces outils, vous commencez progressivement à développer votre image,** vous étendez votre réseau et multipliez votre nombre de prospects et de clients potentiels. Si les opportunités sont nombreuses sur le marché de la formation, le plus dur à faire reste encore de se distinguer afin de capter des clients potentiels.

- **La communication représente une arme non négligeable** pour valoriser et diffuser votre offre de formation auprès de vos premiers clients. Il vous sera donc nécessaire de construire votre propre stratégie et de miser sur ce qui correspond le mieux à votre proposition. Si certains vecteurs de commercialisation semblent essentiels : présence sur le site du CPF, par exemple, d'autres doivent être étudiés avec attention afin que vous puissiez sélectionner ce qui vous correspond le mieux.

CHAPITRE 9

Entretenir sa relation client et créer une démarche d'amélioration

Executive summary

- **Les chapitres précédents nous ont permis de revenir sur des notions clés** qui devraient vous permettre de mieux vous positionner sur le marché de la formation professionnelle. En prenant en compte différents facteurs tels que votre positionnement, votre valeur ajoutée, votre public-cible... et en y associant une stratégie de prospection et de communication, vous avez maintenant la capacité d'obtenir vos premiers clients et d'animer vos premières sessions de formations. Vous avez donc parcouru une grande partie du chemin puisque votre activité est désormais fonctionnelle et bientôt rentable.
- **Une des dernières étapes consiste à poursuivre vos activités de formation sur le long terme.** En effet, beaucoup de structures très prometteuses à leur lancement ne sont pas capables de perdurer dans le temps. D'après une étude de l'INSEE en 2021, c'est 50 % des entreprises qui déposent le bilan moins d'un an après leur création. Vous devez donc obligatoirement élaborer une stratégie afin de vous projeter sur le long terme et réfléchir à la manière dont vous allez vous y prendre pour vous assurer une activité pérenne.

ANALYSER LES SIGNAUX DES CLIENTS ET PROSPECTS

En matière de commercialisation de votre offre de formation, les organismes doivent aborder deux enjeux principaux. Le premier est celui de convertir des prospects en clients. Le second, qui fait l'objet de cette section, est celui qui consiste à fidéliser un client afin qu'il puisse s'inscrire dans un parcours de formation et bénéficier de plusieurs modules (que vous pourrez lui proposer). Ainsi, il est primordial de tenir compte de l'ensemble des retours des participants à vos sessions de formation afin de vous assurer de leur niveau de satisfaction et de leur volonté de continuer à travailler avec vous.

Le premier moyen pour s'en assurer, et sans doute le plus simple, consiste à systématiser la diffusion d'un questionnaire de satisfaction à l'issue de l'ensemble de vos formations. Ce questionnaire peut être diffusé en format papier ou de manière digitalisée *via* Microsoft Forms, par exemple. Il doit donc être suffisamment concis tout en vous permettant de récupérer l'ensemble des informations dont vous avez besoin. Traditionnellement, le questionnaire vous permettra d'évaluer la satisfaction des participants sur la qualité des formateurs, le contenu de la formation, les méthodes d'animation, la capacité de la formation à répondre aux objectifs visés et à développer les compétences des bénéficiaires.

FICHE PRATIQUE

Questionnaire enquête de satisfaction bénéficiaire

Ci-dessous quelques exemples de question à poser aux bénéficiaires à la suite d'une session de formation.

Que pensez-vous de la durée de la formation ?

- O Longue
- O Correcte
- O Courte

Selon vous les objectifs de la formation ont-ils été clairement formulés en début de session ?

- O Très bien formulés
- O Bien formulés
- O Moyennement formulés
- O Mal formulés

Que pensez-vous du niveau de connaissance du formateur ?

- O Très satisfaisant
- O Satisfaisant
- O Moyennement satisfaisant
- O Peu satisfaisant
- O Très peu satisfaisant

La formation a-t-elle répondu à vos attentes ?

- O Oui, complétement
- O Oui, correctement
- O Non, faiblement
- O Non, pas du tout

Dans quelle mesure êtes-vous satisfait de la formation suivie ?

- O Très satisfaisant
- O Satisfaisant
- O Moyennement satisfaisant
- O Peu satisfaisant
- O Très peu satisfaisant

Recommanderiez-vous cette formation à votre entourage ?

- O Oui, complétement
- O Oui, correctement
- O Non, faiblement
- O Non, pas du tout

Les résultats de ce type d'enquête constituent une information précieuse que vous devez décortiquer et analyser. L'ensemble des réponses constituent des signaux forts ou faibles qui doivent vous alerter en cas de modifications à réaliser concernant vos sessions de formations. Nous recommandons une analyse des résultats à l'issue de chaque session. Cette analyse doit se matérialiser par la rédaction d'un rapport contenant des indicateurs qualitatifs et quantitatifs. Ce rapport devra préciser les bonnes pratiques, les axes d'amélioration et les actions correctrices à mettre en place. Vous avez également la possibilité de rendre anonyme ou non ces enquêtes de satisfaction. Dans le second scénario et si vous constatez un retour particulièrement négatif de la part d'un des bénéficiaires, il vous est fortement recommandé de prendre contact avec la personne pour échanger et comprendre la source de son insatisfaction. Votre défi est de conserver de manière systématique un haut niveau de satisfaction afin d'assurer une fidélisation des bénéficiaires de vos formations. Pour cela, vous devez créer des indicateurs, les piloter et les suivre sur la durée dans une logique d'amélioration continue. Ces bons résultats pourront également vous servir d'arguments commerciaux pour convaincre de futurs prospects.

Grâce à la méthode décrite précédemment vous pouvez donc capter des signaux de la part des personnes formées. En complément, il existe d'autres méthodes qui pourront vous aider dans ce travail.

Exemple : *Exercice permettant de collecter des retours d'expérience*

Consacrer 10 minutes à un tour de table permettra à chaque participant d'exprimer ses attentes vis-à-vis de la formation. Il vous sera alors nécessaire de vous assurer tout au long de la session que vous répondez aux différentes attentes exprimées.

À la fin de la session de formation : consacrer à nouveau 10 minutes pour permettre aux participants de s'exprimer sur la manière dont la formation a répondu à leurs attentes, de mettre en avant un point positif et un axe d'amélioration de la session.

Il ne s'agit là que d'un exemple d'exercice qui doit s'inscrire dans une démarche globale de captation des signaux faibles issues de vos bénéficiaires. Une autre bonne pratique consiste à reprendre contact avec les bénéficiaires de vos sessions 3 mois après la fin de la formation. C'est l'occasion de capter un ressenti avec un peu plus de recul et c'est une nouvelle occasion pour vous de mesurer la satisfaction des participants mais également de capter des nouveaux besoins et la possibilité de proposer de nouvelles formations adaptées.

Cette démarche est essentielle pour inscrire votre organisme de formation dans la durée et vous assurer d'une clientèle régulière influencée par d'excellents résultats.

PÉRENNISER SES ACTIONS DE FORMATION EN FIDÉLISANT SES FINANCEURS

Dans la partie précédente, nous nous sommes principalement focalisés sur une démarche qui vise à fidéliser les bénéficiaires de vos formations. Il s'agit d'un levier clé dans le cas où les bénéficiaires de vos actions sont aussi les financeurs (commercialisation en passant par le compte personnel de formation ou par l'intermédiaire de fonds privés).

Néanmoins, ce cas de figure ne doit représenter qu'une partie de vos financements car il est très répandu de passer par un intermédiaire qui sera chargé de financer vos actions de formation pour que vous puissiez les proposer à votre public. C'est le cas, par exemple, d'une entreprise qui pourra conclure une convention de formation afin que vous puissiez former ses salariés. C'est également le cas d'organismes comme Pôle Emploi si vos actions s'inscrivent dans le cadre d'un accompagnement à la recherche d'emploi ou à la création d'entreprise. Dans ce genre de situation, il vous est nécessaire de construire une relation solide et pérenne avec vos financeurs.

La première astuce consiste à capter, là encore, les signaux. Vous devez fréquemment vous renseigner sur les actualités de vos financeurs : quelles sont les actions en cours ? Quelles sont les problématiques rencontrées ?... Ces informations sont facilement accessibles en passant par Internet ou en échangeant de manière formelle ou informelle avec vos financeurs. En exploitant ces données, vous aurez la capacité de mieux comprendre, et même d'anticiper, les besoins de vos financeurs. Il vous sera également plus facile d'adapter vos actions de formation et de vous assurer en permanence qu'elles répondent bien aux attentes.

Si dans la partie précédente nous avons insisté sur la nécessité de mettre en place un système d'enquête de satisfaction avec les bénéficiaires de vos formations, cette pratique doit être répliquée avec vos financeurs. En choisissant le bon horizon temporel (3 fois par an, par exemple, dans le cadre d'une action sur une année complète), nous vous recommandons de faire un bilan avec votre financeur et de lui demander de compléter une enquête de satisfaction. Il s'agit d'un moyen de partager ensemble les points forts, les axes d'amélioration et la suite de vos interventions.

Vous trouverez ci-dessous un exemple de support de retour d'expérience (REX) qui peut être partagé avec un client.

FICHE PRATIQUE

Enquête de bilan / retour d'expérience réalisé auprès d'un financeur

Les points positifs :

- réactivité de l'équipe en charge de l'organisation de la session de formation : organisation, mobilisation des publics, mise à disposition du matériel et de la salle de formation ;
- fluidité dans les échanges : compréhension et partage d'information, bonne communication ;
- planification des sessions de formation simple et facilité par le niveau de proximité avec les équipes.

L'axe d'amélioration :

- hétérogénéité de niveaux entre les participants : différences notables sur la maîtrise des techniques de recherche d'emploi, le niveau de diplôme, les objectifs recherchés, la maîtrise des outils informatiques et de la langue française.

Les chiffres clés :

- 100 % des participants sont « satisfaits » ou « très satisfaits » de la formation suivie ;
- 80 % des participants estiment que les objectifs de la formation ont été complètement atteints.

Cette pratique, qui peut paraître simple, mais qui est encore loin d'être systématisée, favorise un échange en continu avec vos financeurs. Elle évite de se retrouver dans le fameux effet tunnel qui consiste à être focalisé sur l'action sans jamais prendre le recul et l'analyse nécessaire. Nous vous conseillons, lorsque c'est possible, de travailler en co-construction avec vos partenaires ou vos financeurs. Assurez-vous d'échanger fréquemment, de prendre en compte leurs retours et d'adapter votre formation en conséquence.

La logique d'amélioration continue vous permettra de garder vos certifications et de bénéficier d'un climat de confiance durable avec vos financeurs et vos partenaires.

Enfin, il faudra toujours vous appuyer sur vos partenaires et votre réseau afin de faire une veille active sur les besoins et les attentes de vos clients et de vos potentiels prospects. Avoir une véritable relation de confiance avec des acteurs de la formation professionnelle, tous secteurs confondus, va vous permettre de bénéficier de synergies entre votre organisme et d'autres existants. C'est un levier à actionner tout au long de votre activité.

L'ESSENTIEL

- **L'objectif de ce dernier chapitre** est de vous aider à maintenir de très bonnes relations avec vos clients et de mettre en place une véritable démarche d'amélioration continue. Dans cette logique, il faudra constamment analyser les retours des clients *via* des questionnaires de satisfaction et des échanges réguliers.

- **Aussi, il faudra réaliser des bilans avec les financeurs** pour s'assurer que les formations répondent à leurs besoins car ils sont très importants dans le secteur de la formation, le bénéficiaire n'étant pas toujours le financeur. L'objectif est donc de fidéliser à la fois les clients et les financeurs en s'adaptant à leurs attentes.

- **La mise en place d'une logique d'amélioration continue** permet donc de garder votre certification Qualiopi sur le long terme et de consolider des relations de confiance.

À vous de jouer !

« Apprendre c'est vouloir progresser,
c'est être animé d'une passion,
d'une soif intense de découverte. »,
Jiddu Krishnamurti, philosophe Indien

Ce guide touche à sa fin, vous avez maintenant toutes les cartes en main pour démarrer l'aventure de la formation professionnelle.

Vous avez fait le choix d'un univers où l'humain est au centre des attentions. Découvrir un écosystème où la sociologie, la psychologie et l'entreprenariat s'entremêlent. Le choix d'être formateur. Vous avez décidé d'aller à la recherche de la compétence, d'animer des groupes sociaux, de suivre des personnes dans leur parcours professionnel, d'intervenir auprès de publics variés et surtout, de créer du lien…

Si vous avez suivi l'ensemble des dossiers de ce guide, il sera votre plus grand allié pour mener à bien votre mission. Nous avons appris à évoluer dans le secteur de la formation continue, grâce à nos rencontres et nos découvertes, nous progressons au jour le jour et l'objectif de ce guide a été de vous transmettre les clés pour vous lancer dans un secteur riche et très vaste, celui de la formation professionnelle.

Notre intime conviction, comme vous avez pu le constater à la lecture de ce guide, est que le formateur évolue dans un secteur en pleine expansion et doit sans cesse travailler sur 3 piliers : son expertise, le droit en vigueur et sa renommée. S'il se laisse happer par l'un des 3 piliers, les deux autres lui rappelleront qu'il a des concurrents qui sont à jour sur les 3.

Le formateur doit donc se concentrer sur le cœur de son métier, tout en travaillant avec rigueur sur les deux autres piliers, s'il veut voir son activité grandir et surtout, être pérenne.

L'illusion du formateur en tant qu'expert qui rayonne dans son domaine sans être à jour des aspects légaux et sans effectuer de la veille sur le marché afin de rester visible n'existe pas pour l'indépendant. En effet, un formateur – entrepreneur doit être à jour concernant son écosystème et être actif tout au long de sa carrière.

Ensuite, lorsque votre activité vous le permettra, vous pourrez à nouveau vous focaliser davantage sur votre expertise. En effet, si votre activité connaît une belle croissance, vous pourrez penser à déléguer, pour rester concentré uniquement sur le cœur de votre activité. Même dans ce cas, vous devrez toujours avoir l'œil ouvert sur les nouveautés technologiques, méthodologiques et les contraintes légales qui incombent à votre métier.

Nous vous souhaitons énormément de réussite dans votre projet de transmission et de partage. Ce guide à la main, telle une boussole, nous vous laissons contempler le monde si vaste de la formation professionnelle, avec, votre ligne directrice qui vous servira de conduite, toute au long de votre carrière.

85645 – (I) – SOP 90° – NOC – MSN
DUPLIPRINT
733, rue Saint-Léonard, 53100 MAYENNE
Dépôt légal :octobre 2023
N° d'impression : 2985690C

Imprimé en France